大展好書　好書大展
品嘗好書　冠群可期

大展好書　好書大展
品嘗好書　冠群可期

老拳譜新編 9

# 太極拳勢圖解

許禹生 著

大展出版社有限公司

# 策劃人語

本叢書重新編排的目的，旨在供各界武術愛好者鑑賞、研習和參考，以達弘揚國術，保存國粹，俾後學者不失眞傳而已。

原書大多為中華民國時期的刊本，作者皆為各武術學派的嫡系傳人。他們遵從前人苦心孤詣遺留之術，恐久而湮沒，故集數十年習武之心得，公之於世。叢書內容豐富，樹義精當，文字淺顯，解釋詳明，並且附有動作圖片，實乃學習者空前之佳本。

原書有一些塗抹之處，並不完全正確，恐為收藏者之筆墨。因為著墨甚深，不易恢復原狀，並且尚有部分參考價值，故暫存其舊。另有個別字，疑為錯誤，因存其眞，未敢遽改。我們只對有些顯著的錯誤之處，做了一些修改的工作；對缺少目錄和編排不當的部分原版本，我們根據內容進行了加工、調整，使其更具合理性和可讀性。有個別原始版本，由於出版時間較早，保存時間長，存在殘頁和短頁的現象，雖經多方努力，仍沒有辦法補全，所幸者，就全書的整體而言，其收藏、參考、學習價值並沒有受到太大的影響。希望有收藏完整者鼎力補全，以裨益當世和後學，使我中華優秀傳統文化承傳不息。

為了更加方便廣大武術愛好者對古拳譜叢書的研究和閱讀，我們對叢書作了一些改進，並根據現代人的閱讀習慣，嘗試著做了斷句，以便於閱讀。

由於我們水平有限，失誤和疏漏之處在所難免，敬請讀者予以諒解。

# 序

在更加廣泛地繼承、發展和弘揚中華傳統文化的時候，在凸顯中華傳統文化強大生命力和凝聚力的時候，在中華傳統文化為世界文明的進步、發展和繁榮作出巨大貢獻的時候，武術作為中華傳統文化的主要載體之一，亦綻放出了耀眼的光芒，傳統武術文化得到了更廣泛的認知、認同、認可。在古拳譜叢書第五輯出版之際，聊書數語，以示祝賀。

人類健康的內涵和定義是在不斷豐富、發展和變化的。在人類漫長的歷史進化過程中，物質生活、文化生活和精神生活長期處於極度匱乏之中，人們只要無痛、無癢、無病、無恙，即可稱為健康。然而，在物質生活、文化生活和精神生活極其豐富的今天，人類健康的定義和內涵正在廣泛地延伸和拓展。在精神方面，要求精神愉悅、樂觀、豁達、安逸、思維敏捷；在心理方面，要求心理平衡、自信、祥和、情緒穩定；在身體方面，要求行、走、坐、臥靈活自如，膚潤肌健，力足氣長；在修養方面，要求篤實、守信、寬容、謙和、禮讓、虛懷若谷，這才是我們現代人的新的健康標準。

在漫漫的歷史長河中，在悠悠的中華傳統文化裏，我們偉大中華民族的先輩已經為我們創造了一個由自我修習來求得健康的博大精深的文化體系，即中華傳統武術文化體系。它囊括了扶老愛幼、篤信守義、謙和禮讓、尊師重道、修身養性、啓智益悟、陶冶情操、強身健體、自衛防身、延年益壽等等內容，以求提高人體生命質量，即性命雙修、身心同煉，強調天人合一與自然和諧相處。

中華傳統文化體系博大精深、豐富多彩，恰恰是我們現代人渴求獲得的。因此，全面繼承、發展和弘揚本民族的優秀傳統武術文化，造福於全人類，是我們炎黃子孫義不容辭的責任和義務。這即是矯龍文庫——古拳譜系列叢書和國術系列叢書連續出版的意義和目的，也是我們今後繼續努力工作的方向和動力。

山西太原意源書社長期以來，積極致力於推動和弘揚中華傳統武術文化；積極致力於傳統武術文化資料的搶求、發掘、收藏和整理；積極致力於中華傳統武術文化歷史和理論的研究；積極致力於推動當代各門各派的老武術家們記錄、整理、出版武術專著；積極致力於構建廣大武術愛好者與民間武術家們的溝通渠道；積極致力於武術信息、資料和書籍的流通和營銷工作。

長期以來，意源書社獲得了廣大武術界老師和朋友們給予的關愛、呵護、理解、信任、支持和幫助，倍感榮幸，銘刻五內。在此，我代表山西太原意源書社的全體同仁表示誠摯的謝意。寥寥數語，謬誤多多，濁君耳目，誠祈海涵。

山西太原意源書社　王占偉　草於古城並州

知柔知剛
萬夫之望

傅增湘題

體育季刊題詞　蔡元培

教育三綱體育特重康彊其身智德可用鴻範曰弱六疾是統小雅所譏無拳無勇五禽爲體戲華佗導拳陶侃文士百甓日搬古義不廢新知尤衆乎此一編病夫無恐

# 題詞

在昔角牴，意存釣奇。曳牛搏豬，徒勇何爲。
嗟彼武術，損益然疑。發揮光大，其在是時。
教誨有度，調一罄宜。桓桓學子，天馬得羈。
克剛克柔，以遨以嬉。筋骨互運，心力互追。
著者楮墨，法無所遺。流傳萬本，並詔來茲。
表斯微尚，請鑒於詩。天之方懠，無爲誇毗。

袁希濤

# 題詞

屹矣金臺，燕趙舊都。武勇是尚，施及吾徒。
觥觥國技，與古爲新。數典而忘，乃乞諸鄰。
北方之強，誰與首倡。許子之功，頡頏馬帳。
首善結社，聲氣應求。精研三育，同澤同仇。
不有高文，何以行遠。一紙風傳，桑榆非晚。
武士有會，斯道以傳。強國之容，請視此編。

劉潛

# 序

往嘗讀周禮及司馬法之軍制，試以次國二軍為平均率，則每國當有二萬五千人之兵額，百國即有二百五十萬人。若以千八百國計，則勝兵者殆四千萬，當今全國男子總數十之五矣。又嘗讀《戰國策》，齊、秦、燕、趙、韓、魏、楚七國，國必有帶甲百萬、技擊數十萬、蒼頭數萬。若以今全國男子二萬萬例之，則吾國當有勝兵之男子千萬矣。日俄之戰，旅順、遼陽諸役，肉搏相爭，論者以日之勝俄，歸功於柔道（見日人所著肉彈）。柔道者，即吾技擊相傳之一。故吾而不欲自衛則已，苟欲自衛，則德育、智育、體育三者之中，尤以體育為最要。自秦政一統，世主忘人民之尚武，去古者兵農合一之時益遠。國人多媮惰萎靡，霸天下者乃大歡。

適以與東西列強接觸，遂不寒而慄，不吹而僵，誰之咎也！民國成立，識時之士，漸知拳術之為國魂。許君禹生，於各術靡不通曉，而尤精太極一門，一麐曾入其社，為特別社員，時時承許君教益。一日出所著《太極拳圖說》見示，余翻閱一過。以科學分析之眼光，發明其先後疾徐之序，而為圖以表之。大則可強國強種，小則可卻病延年。前見徐君棫所撰拳術與力學之關係，借力學槓桿之理，解太極避實擊虛之法，藝而幾進乎道。惜其書僅一見於《體育季刊中》，未窺全豹。今許君圖解，裒然完帙。其視徐君所撰，如車有輪，如鳥有翼，即孱弱如不佞，亦能振懦而起衰，世之學者，可以興矣。但使吾國男女四萬萬人，分其飲博徵逐之精神，以從事於此道，即有百分之一，鍥而不捨，已足抵成周兵額十分之一。且此四百萬者，皆非游手坐食之徒，何渠不足以自衛耶！質諸許君，以為何如。

中華民國十年孟秋吳縣張一麐序

# 序

拳技有內外兩家。外家祖達摩祖師，曰少林派。內家祖張三豐先生，曰武當派。其所資為師承之具者，不外乎著與勁。形於外者為著，蘊於內者為勁。著其質也，勁其氣也；著其體也，勁其用也。氣質兼修，體用皆備，而後可以言拳。外家與內家之別，即以著與勁二者言之。外家精於著，內眾邃於勁，猶漢儒之重訓詁，宋儒之明性理。雖各有獨到之處，要亦並行而不悖。世人不察，以為外家主剛，內家主柔，烏知剛柔不可偏重，且亦未嘗須臾離哉。太極十三式，傳自張三豐。張固道家者流，故其論太極拳曰：「人剛我柔謂之走，我順人背謂之黏。」又曰：「由著熟而漸悟懂勁，由懂勁而階及神明。」走也、黏也，皆當於勁中求之。必也感覺靈敏，無有窒礙，而後可謂之懂勁；必也隨機因應，一任自然，而後可謂之階及神明，與老子所謂「常無欲以觀其妙，常有欲以觀其徼」之旨，正無以異。拳家論勁，至此境界，亦可謂臻無上上乘矣。唯其陳義極高，說理極細，故習之者殊難計日程功。嘗見有人以為習太極拳只須懂勁，好高騖遠，專致力於推手，而於身手步法，略不注意。習之數年，疲弱如故，甚至不能與習他拳數月者一角。此皆誤於內家主柔之說，而不求姿勢正確著法純熟之所致也。禹生同學，治斯道垂三十年，更能博通內外諸家，識其精義。因強其著書，以餉同志。詳其動作，誌其應用，而於推手法尤為重視。三易稿而後書成，名之曰《太極拳勢圖解》。讀者苟能悉心體會，豁然貫通，著既熟矣，更習推手，以求懂勁，自不難階及神明。即便無暇更習推手，亦當使此十三式著著皆能任意運用，游刃有餘，始可謂極熟著之能事，此禹生之所志也。滄海橫流，萬方多難。明達之士，多逃於釋老以自晦。其亦有聞風興起，由藝而進於道者乎?是書或亦津梁之一也。

民國十年歲次辛酉秋湘潭楊敞序於都門

# 序

中國武術，為世界冠。代有名家，苦無專書。輾轉流傳，揚鑣分道。有志之士，雖竭畢生精力以求之，每徘徊歧路，勞而無成。是以強國健身之術，僅資市井閭巷茶餘酒後之談。某也俠，某也義，試詰以行功致道之由，則瞠目莫能對。道湮沒而不彰，人欲學而無從，吁可歎已。古燕許禹生先生，余師也。博通內外諸家武術，功行純摯，寰海知名。一時慷慨悲歌拔山扛鼎之士，莫不慕聲氣而拜下風。其言著言勁，輕妙靈化，純任自然，發揚義理，並臻其極。於體育著述已行世者數十種，而《太極拳勢圖解》一書，尤膾炙人口。以河洛之奧義，闡內功之薪傳。旁及生理心理動力諸學，莫不融會貫通，以惠學人。追征南、松溪之緒不懈，而及於三豐，猗歟偉哉！余從學於先生，每當治事之餘，平心靜氣，以揣摩之。有所得，輒怡然自喜。疑而問焉，恍然以悟。余淺見所及，就耳濡目染於先生者而道之，誠未足以測其高深也。歲戊辰，百川閻公軍次北平，余從行。先生手是編以詢余志。余於是編鑽研數年矣，謹拜命，述其所知，而弁之書端，是為敘。

中華民國十七年戊辰十月受業山西汾陽王華拜敘

# 序

吾國各派別之拳術，余見亦夥矣，未見有精湛宏深如太極拳者。有清末葉，余留學日本，見拳術界名宿李存義弟子葉雲表，始聞太極拳之名。然不審其有若何獨到之處，未之異也。後歸上海，嘗以擅武術者之遺聞軼事，著為小說，博徵故實，乃聞有陳長興與楊露蟬及楊健侯、楊班侯等。胥以武勇稱雄於時，而露蟬尤號為無敵，其所習皆太極拳也。第於當時持論，武術不論內外家及如何派別，但能用苦功十年，濟之以膽略，則其致當世之名，如拾芥耳，寧習太極拳者獨然乎？亦未之異也。迄戊午秋，余師王志群先生以書抵余，言於北京得交許禹生、吳鑒泉二先生，因知太極拳術之妙，可謂廣大而精微，於理無所不包，於法無所不舉。朝夕從事，數月於茲，今乃知曩者所習，實有費力多而成功少之弊云云。余發書深訝其言，蓋余習知王先生所善八拳，理至所審，變化萬端，不可方物。余從學數年，未得十一，方以為拳中之聖，豈復有加於此者乎！然王先生非妄語者，姑存其疑，以俟異日之面證。越二載，王先生來上海，館余家，遂與探討，亙一月，言不及他。夫然後知前書所言，非漫然為太極拳張目，即其所習八拳，亦已因太極拳而益神其變化矣。余至此，乃棄其所習而習焉。雖迄今無所底，然益知吾國拳術之精湛宏深，未有超越於此者。顧余不可不有一言以間執讒者之口，凡所云云者，可為有志深造者道，不足為膚淺之士言也。如其欲速，固有世之所謂少林拳者在，朞月而已可也，三年有成。去歲從軍抵北平，因得訂交於許君。許君寢饋於太極拳術有年，憫有志斯術者之乏津梁也，以其心得，著為《太極拳勢圖解》一書印行於世。不以余行能無似而責序焉，因書所歷以歸之。

中華民國十八年二月六日平江向愷然序於開平防次

# 自序

余幼孱弱多疾病，因遍閱養生之書，節飲食，愼起居，若是者累年，卒未收效。尋得華佗五禽經、達摩易筋經、八段錦諸書，從事練習。然均有圖無說，精意不傳，勉強摹仿，效亦甚尠，遂未竟學。後乃從事外家拳術，習技擊，事跳躍，於是身體稍壯。然苦於鍛鍊之猛，稍輟而疾又作矣，始知亦非良法。最後得內家拳術，即世所謂太極功者。俯仰屈伸，以意導氣，簡而易習，柔而省力。習未期年，而宿疾盡瘉，效至鉅矣。其拳每勢運動，均有節拍可循，而前後聯絡，宛如一氣呵成。呼吸與動作相為激蕩，氣血筋骸，活潑無滯，殆深得古導引術之意者。其動作之剛柔進退，陰陽虛實，實合周易太極之理。而對敵之時，因勢利導，應機而發，批隙導窾，悉中肯綮，誠莊子所謂技而近乎道者也。因為圖解，公之於世。雖於古人之意未必盡合，而善習者未始不可借為入道之階，閱者勿專視為拳技也可。

中華民國十年秋古燕許龗厚敘於體育研究社

# 凡例

一、本書各章，前經登入《體育季刊》。原擬俟全書登畢，再行彙集出版。嗣因閱者時加督促，倉促付印，冗濫闕略之處，在所不免。倘蒙　方家錫以教言，實所慶幸。

二、本書分上下兩編。上編係說明太極拳之由來及其原理。下編係就太極拳路各姿勢繪圖說明，並附推手諸法。

三、本書博採衆長，不拘己見。於拳勢純取開展姿勢，以便學者。

四、太極拳最重聯貫。本書為便於解釋起見，將各勢動作各段說明，學者練習時，仍宜連續行之。

五、本書說明拳式動作，多取通行術語。間有創製者，務期適合原意。

六、本書採入太極衍易各圖，專取可以印證拳術之處，以資閱者參考。

七、編輯是書時，北平體育研究社教員紀子修、楊夢祥、吳鑑泉、劉恩綬、劉彩臣諸君均備諮詢。社員郭志雲、郎晉墀二君擔任繪圖。楊季子、葉膺唐二君擔任修正。伊見思、許小魯二君擔任校刊。

編者　識

著者肖像

# 目次

## 上編

# 下編

# 上編

# 第一章 緒言

昔河出圖而八卦畫，洛呈書而九疇敘，孔子因之以作《周易》。《易》雖本諸卜筮之說，而萬事之理，則已悉具其中矣。然因卦作說，無提綱挈領之要，後人不能融會貫通，各執一說，每入歧途。周子憂之，默契道體，根極要領，作《太極圖說》。使天理之微、人倫之著、事務之眾、鬼神之幽，莫不洞然，畢貫於一，誠言哲學者之鼻祖也。

中國拳術發明最早，而迄今反無統一之術者，蓋緣後世學者，言術而不言理，視為技藝，而不用作鍛鍊身心之具耳。考拳術之由來，蓋出於古之導引術。當上古醫藥尚未發明，人偶為六氣所中，榮衛失宜，氣血聚而為病。則屈伸俯仰，以意導氣，舒其所凝滯之處，使通暢焉，則疾自癒，故名為導引。

昔伏羲命陰康作大舞，展舒肢體，以癒民疾；黃帝作《內經》，採按摩導引諸法，以繼針砭酒醴之所窮，蓋皆本體育原理，以運動戰勝疾病也。莊子曰：「吐故納新，熊經鳥申」，則合於呼吸運動矣。漢華佗因推廣之，以作五禽經（虎鹿猿熊鳥是也）。其謂吳普之言曰：「人體欲得勞動，但不當使極耳。動則穀氣得消，血脈流通，病不得生，譬如戶樞終不朽也。是以古之仙者，為導引之事，引挽要體，動諸關節，以求難老。吾有一術，名曰五禽之圖。覺體有不快，則起作一禽之戲，怡而汗出，即輕便而欲食矣。」吳從而學之，年九十餘而耳目聰明。少林寺僧人承其意，融合達摩所傳散手而作五拳（龍虎豹蛇鶴），然注重應用（詳少林拳術秘訣），已失體育之原意矣。然宋元以來，言技藝者多祖述之。自寺焚之後，僧徒星散。黠者巧為附會，各執一是，派別繁多，而少林真傳，反因之湮沒。

元之季世，有隱君子者曰張三豐先生，本儒家太極之理，融會各家之長，納五行八卦於拳術步法方位之中，而以太極之陰陽、剛柔、動靜喻其作用，提綱挈領，名為內家，蓋所以別於方外也。

就著勢言之，太極拳固無異於各家拳術，然其運動行氣，純以虛靜勝人。注重精神上之修養，堅凝意志，增進智慧，則非外功拳術專從事以筋肉鍛鍊者所可同日語也。素習外功拳術者，倘稍師其意，亦能不勞而獲。由是觀之，易學得太極圖說而眾理一貫，拳術得太極功而各家統一矣。其拳經傳於世者約有數種，然抄襲相傳，魚魯莫辨，壬子歲曾囑關君葆謙校訂。近本社附設體育學校，授課之暇，因取原書加以注釋，並就其拳中姿勢繪圖著說，以示學者。倘亦取行遠自邇登高自卑之意云爾。

## 第二章　太極拳之意義

太極拳者，形而上之學也。法易中陰陽動靜之理，而運勁作勢，純任自然，無中生有，所謂無極而太極也。至其運用圓活，如環無端，莫知所止，則又所謂太極本無極也。

勢勢之中，著著之內，均含一圓形，故假借太極之理以說明之，而以陰陽、動靜、剛柔、進退等喻其作用焉，非如世俗卜筮迷信者所謂太極也。現在科學昌明，後之學者，若以幾何重學等理說明之，而不沾於易象，則所深望也。

## 第三章　十三式名稱之由來（附八方圖　五步圖）

十三式者，合五行八卦而言之也。太極拳手之運動有八方，足之運行有五步。以掤按擠攦四者，喻乾坤坎離等四正方；以採挒肘靠四者，喻巽震兌艮等四斜角；以進前退後左顧右盼中定五者，喻火水木金土也。

或曰五行具五性，應以仰（火曰炎上）俯（水曰潤下）進（木曰曲直）退（金曰從革）定（土曰稼穡得五行之正以喻中定）五者喻之，其說亦通。

### 八方圖

| | | |
|---|---|---|
| 兌肘 | 乾掤 | 巽採 |
| 離攦 | | 坎擠 |
| 震挒 | 坤按 | 艮靠 |

### 五步圖

| | | |
|---|---|---|
| | 火進 | |
| 木顧 | 土定 | 金盼 |
| | 水退 | |

# 第四章　太極拳合於易象之點（附太極圖　衍易圖）

易也者，包羅萬象者也。而其扼要之哲理，不出太極一圖，太極拳之言陰陽、虛實、剛柔、動靜之處，無不則之。但世傳太極圖有二，一為周蓮溪所遺，一則俗傳之雙魚形圖也。雙魚形圖除可藉表明雙搭手時之陰陽虛實、盈縮進退外，餘無可取。至周氏圖則所具之理甚奧，其圖說一篇，幾盡可為習太極拳者所取法焉。唯因限於篇幅，不能詳釋，今僅就原圖約略言之。

此圖共分五層，首層圜形（在平面為圜，倘立體時應作球體），此所謂無極而太極也。當行工時，中心泰然，抱元守一，無機心，無徵兆，作虛空相，可謂無極矣。而動靜、陰陽、剛柔、進退已悉具其中，實萬有之母也，非太極而何？

## 周蓮溪太極拳

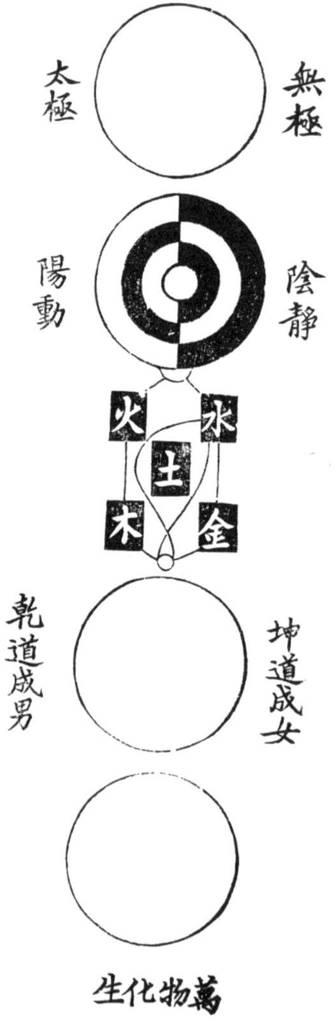


第二層中分圜形為兩，陰陽虛實各得其半，所謂動而陽，靜而陰，立兩儀是也。舒之則為坎離二卦，喻拳之柔中隱剛，動中守靜，互為其根之意也。

三層五行喻五步，就其陽變陰合言之，如水根於陽，火根於陰，喻進極思退，退極思進也。木性曲直，金性從革，喻拳運勁時之屈伸開合，粘走隨抑也。萬物均生於土，而位又居中，在人為意。推手時掤攌擠按互為生剋，然不以意貫串之則謬矣。圖說云：「古氣順布，四時行焉」，蓋五行異質，四時異氣，而不能外乎陰陽。陰陽異位，動靜異時，而皆不能離乎太極也。

第四層喻人，第五層喻物，言無極二五，聚則成形，感而遂通，化生萬物。精於太極拳者，一動一靜。均合至理，扼樞要，是萬殊而一本也。至因敵變化，交互其用，錯綜其道，而應付無窮，則一本而萬殊矣。周子曰：「聖人定之以中正仁義，而主靜，立人極焉。其行之也中，其處之也正，其發之也仁，其裁之也義。一動一靜，莫不有以全夫大極之道而無所虧焉，則無往而不制勝矣。」

邵子衍易圖言陰陽剛柔動靜之處，與周圖略異。周言動而生陽，靜而生陰。立天之道曰陰與陽，立地之道曰柔與剛。邵子《觀物篇》云：

## 邵康節之衍易圖

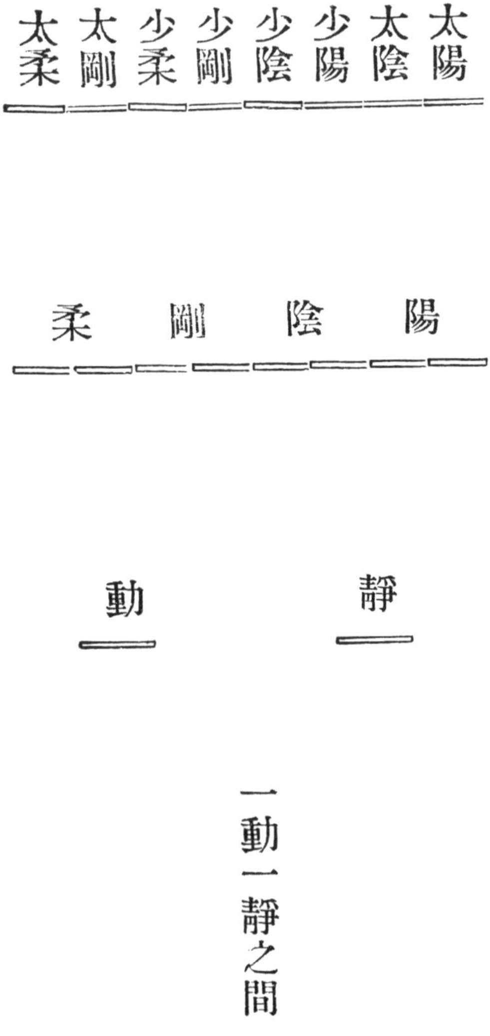


「動之始則陽生焉，動之極則陰生焉。靜之始則柔生焉。靜之極則剛生焉。則是動而生陰陽，靜而生剛柔也。」立論雖殊，然其言動靜之機，陰陽剛柔之分量處、裨益太極拳術匪鮮，要在觀者自得之耳。

# 第五章　太極拳之流派

自伏羲畫卦，闡明陰陽，而太極之理，已寓於其中。嗣更命陰康作大舞，以宣導湮鬱；黃帝作內經，採按摩導引諸法，均本太極之理，為無形式之運動。華佗本莊子「吐故納新，熊經鳥申」作五禽經，以授吳普，是時已開姿勢運動之先河矣。

唐許宣平（許先師，江南徽州府歙縣人。隱城陽山，結廬南陽。辟穀不食，身長七尺六寸，髯長至臍，髮長至足，行如奔馬。唐時每負薪賣於市中，獨吟曰：負薪朝出賣，沽酒日夕歸，借問家何處，穿雲入翠微。李白訪之不遇為題詩於望仙橋云）所傳太極拳術名三世七，因只三十七勢而得名。其教練之法，為單勢教練，令學者一勢練熟，再授一勢。無確定拳路，功成後各勢自能互相連貫，相繼不斷，故又謂之長拳。其要訣有八字歌、心會論、周身大用論、十六關要論、功用歌。傳宋遠橋。

俞氏（江南寧國府涇縣人）所傳之太極拳名先天拳，亦名長拳。得唐李道子之傳（江南安慶人）。李居武當山南岩宮，不火食，第日啖麥麩數合，人稱之為夫子李云。俞氏所傳之人，可知者有俞清慧、俞一誠、俞蓮舟、俞岱岩等。

程氏太極拳術，始自程靈洗（字元滌，江南徽州府人。侯景之亂，唯歙州得保全者，皆靈洗力。梁元帝授以本郡太守，卒諡忠壯），其拳術得之於韓拱月。傳至程珌（紹興中進士，授昌化主簿，累官禮部尚書，拜翰林院學士，追封新安郡侯、端明殿學士致仕。精易理，著有《洛水集》），改名小九天，共十四勢。有用功五誌、四性歸原歌。

殷利亨所傳之太極拳術名後天法，傳胡鏡子（揚州人）。胡鏡子傳宋仲殊（安州人，嘗遊姑蘇台，柱上倒書一絕云：「天長地久任悠悠，你既無心我亦休。浪跡天涯人不管，春風吹笛酒家樓。」）其式法十七，多屬肘法。雖其勢法名目不同，而其用則一也。

張三豐名通，字君實，遼陽人。元季儒者，善書畫，工詩詞。中統元年，曾舉茂才異等，任中山博陵令。慕葛稚川之為人，遂絕意仕進。遊寶雞山中，有三山峰，挺秀倉潤可喜，因號三豐子。世之傳三豐先生者，不下十數，均未言其善拳術。洪武初，召之入朝，路阻武當。夜夢玄武大帝授以拳法，且以破賊，故名其拳曰武當派，或曰內家拳。

內家者，儒家之意，所以別於方外也。又因八門五步，為此拳中之要訣，故名十三式，言十三法也。後世誤解以為姿勢之勢，則謬矣。傳張松溪、張翠山。先是宋遠橋與俞蓮舟、俞岱岩、張松溪、張翠山、殷利亨、莫谷聲等七人為友，往來金陵之地，尋同往武當山，訪夫子李先生不遇。適經玉虛宮晤三豐先生，七人共拜之，耳提面命者月餘而歸，自後不絕往拜。由是而觀，七人均曾師事三豐，唯張松溪、張翠山傳者名十三式耳。

或曰三豐係宋徽宗時人。值金人入寇，彼以一人殺金兵五百餘。山陝人民慕其勇，從學者數十百人，因傳其技於陝西。元世祖時，有西安人王宗岳者，得其真傳，名聞海內。著有太極拳論、太極拳解、行工心解、搭手歌、總勢歌等。溫州陳同曾多從之學，由是由山陝而流傳於浙東。

又百餘年，有海鹽張松溪者，在派中最為著名（見寧波府志），後傳其技於寧波葉繼美近泉。近泉傳王征南來咸，清順治中人。征南為人勇而有義，在明季可稱獨步。黃宗羲最重征南（其事蹟見遊俠佚聞錄），征南死時，曾為作墓誌銘。黃百家主一，為傳內家拳法。有六路長拳、十段錦等歌訣。

征南之後又百年，始有甘鳳池，此皆為南派人士。其北派所傳者，由王宗岳傳河南蔣發，蔣發傳河南懷慶府陳家溝陳長興。其人立身常中正不倚，形若木雞，人因稱之為牌位先生。子二人，曰耿信、曰紀信。時有楊露蟬先生福魁者，直隸廣平府永年縣人。聞其名，因與同里李伯魁共往師焉。初至時，同學者除二人外皆陳姓，頗異視之。二人因更相結納，盡心研究，常徹夜不眠。牌位先生見楊之勤學，遂盡傳其秘。楊歸傳其術遍鄉里，俗稱為軟拳，或曰化拳，因其能避制強硬之力也。嗣楊遊京師，客諸府邸，清親貴王公貝勒多從受業焉，旋為旗營武術教師。有子三，長名錡，早亡；次名鈺，字班侯；三名鑒，字健侯，亦曰鏡湖，皆獲盛名。

余從鏡湖先生遊有年，諗其家世。有子三人，長曰兆熊，字夢祥；仲名兆元，早亡；叔名兆清，字澄甫。班侯子一，名兆鵬，務農於鄉

里。當露蟬先生充旗營教師時，得其傳者蓋三人，萬春、凌山、全佑是也。一勁剛，一善發人，一善柔化，或謂三人各得先生之一體，有筋骨皮之分。旋從先生命，均拜班侯先生之門，稱弟子云。

有宋書銘者，自云宋遠橋後，久客項城幕。精易理，善太極拳術，頗有所發明。與余素善，日夕過從，獲益匪鮮。本社教員紀子修、吳鑒泉、劉恩綬、劉彩臣、姜殿臣等多受業焉（吳為全佑子，紀常與凌君為友）。

## 第六章　太極拳經詳註

**太極者，無極而生。**

太，大也，至也；極者，樞紐根柢之謂。太極為天地萬物之根本，而太極拳則為各拳之極至也。無極而生者，本於無極也。此拳重在鍛鍊精神，運勁作勢，純任自然，不甚拘於形式。以虛無為本，而包羅萬

象，故曰無極。然初學者究當就有形之姿勢入手學習，久之著熟懂勁，融會貫通，始能入於神化之境。

案周濂溪《太極圖說》無極而太極注云：上天之載，無聲無臭，而實造化之樞紐，品彙之根柢也。故曰無極而太極，非太極之前復有無極也。此云無極而生，究有語病。

**動靜之機，陰陽之母也。**

變易物體之位置、或動體進行之方向曰動；保存或維持其固有之位置或方向曰靜。機者朕兆也，如陰符經天發殺機之機。夫動靜無端，陰陽無始，太極者其樞紐機關而已。太極拳當行功時，中心泰然，抱元守一，未常不靜。及其靜也，神明不測，有觸即發，未常無動。於動時存靜意，於靜中寓動機，一動一靜，互為其根，合乎自然。此太極拳術之所以妙也。

　　萬物之生也，負陰而抱陽，莫不有太極。有太極斯有兩儀，故太極為陰陽之母。太極拳著著勢勢，均含一〇圓形。其動而陽、靜而陰及剛柔進退等，均與易理無異，故得假借易理以說明之，非強為附會也。

　　中國舊日學說，諸凡事物均以陰陽喻之，故陰陽無定位。太極拳之為陰陽亦然。如拳勢之動者為陽，靜者為陰；出手為陽，收手為陰；進步為陽，退步為陰；剛勁為陽，柔勁為陰；發勁為陽，收斂為陰；粘勁為陽，走勁為陰；手足關節之伸為陽，曲為陰；分為陽，合為陰；開展為陽，收斂為陰；身軀之仰為陽，俯為陰；升為陽，降為陰。凡此所喻，無論遇如何變化，內皆含一〇圓形，故動靜不同時，陰陽不同位，而太極無不在焉。

**動之則分、靜之則合。**

　　動，變動也。動之則分陰分陽，兩儀立焉，靜之則沖漠無朕，而陰陽之理，已悉具其中矣。太極拳術當行功時，其各姿勢，一動一靜相間。其拳術之動者，前後左右上下，均有陰陽虛實可循，故曰動之則分。其靜的姿勢，雖無痕跡可指，然陰陽虛實，已具其中，故曰靜之則合。若作運勁解，則太極之陽變陰合，即物理、力學、分力、合力之理也。

太極拳術遇敵欲制我時，則當分截其勁為二，使敵力不能直達我身（背勁），所謂動之則分是也。若將敵粘起用提勁，陽之變也。及起，須靜以定之使不得動。或敵勁落空，稍靜即發，利用合勁，陰之合也。倘敵欲發我，則應中心坦然，審候應機，靜以俟之，微動即應，所謂後人發先人至是也。

夫道一而已矣。當混沌未判，洪蒙未闢，本無動靜，何有陰陽？故以虛無為本者，無不合道。天地如是，太極如是，太極拳習至極精處亦如是也。然此指先天而言，指習拳術功深進道者而言，初學之士，驟難語此也。及乾坤既定，兩儀攸分，有陰陽斯有動靜，則言太極者，不能不就有形象者以講求之。太極拳之分合動靜，合乎陰陽。如動勢須求開展，運勁務明虛實。剛則化之故曰分，柔則守之故曰合。坤在勁中求動，無為始而有為終，必須伏炁。

乾則動中求靜，有為先而無為了，只要還虛。蓋萬物之理，以虛而受，以靜而成。天地從虛中立極，靜中運機。故混沌開而闔闢之局斯立，百骸固而無極之藏自主，無不從虛靜中來也。重陽子曰：「此言大道之原，而功先於虛靜。虛則無所不容，靜則無所不應。」由是觀之，習太極拳者，倘以虛靜為本，則分合變化自無不如意也。

**無過不及，隨曲就伸。**

過，逾也；不及，未至也；隨，無逆也；就，即之也。過與不及，皆為失中。失中則陽亢陰睽，未能有合也。太極拳於屈伸分合等處，運

勁過則生頂抗等病，不及則有丟偏等病。欲求不即不離，則應隨之而曲，就之而伸，隨機應變，毋固毋我。因力於敵，以中為主，而粘黏連隨以就之，自無不合，所謂君子而時中也。案初學此拳者，每失之過。迨稍懂勁，則每失之不及。學者宜審慎之。

**人剛我柔謂之走，我順人背謂之粘。**

人者，敵也；剛，指剛強有力而言；柔者，無抵抗也；走者，化也。柔以承之，變化敵力之方向，不為所制，故曰走。順者自由便利也；背者，不自由不便利也；粘者，取制敵人之力也。遇敵施剛力時，我唯順應其勢取而制之，使俯就我之範圍，如以膠著物，故曰粘。

太極拳常以小力敵大力、無力御有力、弱勝強、柔制剛為其主旨，但以常理言之，小固不可以敵大，弱固不可以勝強。柔固能期以制剛，然云敵之勝之制之者，必有其所以制勝之理在。蓋敵力須加吾身方生效力，苟御制得道，趁其用剛發動之始，審機應變，採取擒獲，使還制其身。則我雖弱，常居制人地位；敵雖強，常居被制地位，難於自由發展，力雖巨奚益。此老聃齒敝舌存之說也，頗合太極拳剛柔之義。然非好學深思之士，未足以語此。

**動急則急應，動緩則緩隨，雖變化萬端，而理為一貫。**

此言己動作之遲速，當隨敵動作遲速之程度而異。但欲識敵之遲速程度，須先體察敵力之動機，方能因應咸宜。何謂動機？周濂溪《通書》有云：「動而未形有無之間者曰機」，又曰「機微故幽」。難識如此，設非功深，不易知也。然苟得其機，敵難變化萬端，由一本而萬殊。而我則執兩用中，扼萬殊使歸一本。審機應候，無過不及。敵運動甚速，而我應付遲緩，則失之緩。敵勁尚未運到，而我先逆待，或加以催迫，則敵反有機可乘，是謂性急，其弊一也。守一以臨，純任自然，無絲毫之凝滯矣。故曰得其一而萬事畢是也。

**由著熟而慚悟懂勁，由懂勁而階及神明，然非用力之久，不能豁然貫通焉。**

此言習太極拳者，進功自有一定之程度，而不可躐等躁進也。太極拳之妙全在用勁（此勁字係靈明活潑，由功深練出之勁，不可僅作力量解），然勁為無形，必附麗於有形之著，始能顯著。言太極拳者。每專恃善於運勁，而輕視用著，以致習者無從捉摸，有望洋興嘆之慨。虛度光陰，難期進益，較循序漸進者，反事倍功半，不遵守自然之程式故也。昔孔子講學，常因材授教，故諸門弟子，各得其益。拳術雖屬小技，然執塗人而語以升堂入室之奧，未有能豁然者也。

故習此拳者，應先模仿師之姿勢。姿勢正確矣，須求各姿勢互相連貫之精神。拳路熟習矣，須求各勢著數之用法。著熟矣，其用是否能適當。用均得其當矣，其勁是否不落空。勁不落空，是真為著熟。再由推手以求懂勁，研求對手動作之輕重遲速，及勁行之趨向方位。久之自微懂而略懂，進至於無微不覺，無處不懂，方得稱為懂勁。懂勁後不求用著，而著自合。進至無勁非著，無著非勁。漸至不需用著，只須用勁。再至不求用勁，而勁自合。洵至以意運勁，以氣代意，精神所觸，莫之能禦，則階及神明矣。是非數十年純功，曷克臻此。

**虛領頂勁。**

虛一作須，似宜從虛。虛者，對實之稱。實即窒滯難巧也。頂者，頭頂，亦曰顖門。小兒初生時，此處骨軟未合，常隨呼吸顫動，道家稱為上丹田泥丸宮，蓋藏神之府也。佛家摩頂受記，道家上田練神。《易》曰「行其庭不見其人」（庭指天庭頭頂也。行，神氣流行也。不見其人，虛也）。《黃庭經》云：「子欲不死修崑崙（山名，喻頭頂）。」均示人修養之要訣也。夫人之大腦主思想，小腦主運動。而頭頂實首出庶物，支配神經，為主宰之樞府。其地位重要如此，宜為修養家所注重。

練太極拳者，向主身心合一，內外兼修，精神與肉體二者同時鍛鍊。故運勁時必運智於腦，貫神於頂，務使頂上圓光，虛靈不昧。所以煉神也，蓋頭為全身綱領，綱舉則目張。頭頂懸則周身骨骼正直，筋肉順遂。偶有動作，全身一致，左右前後，無掣肘之虞矣。

**氣沉丹田**。

丹田，穴名。道家謂丹田有三，一居頭頂以藏神，一居中脘一蓄炁，一居臍下以藏精。此指下丹田也（臍下三寸）。常用深呼吸使氣歸納於此，自能氣足神旺。《黃庭》云：「呼吸廬外下丹田，審能行之可長存。」蓋常人呼吸短促，每至中脘而回（中脘，橫膈膜也），不能下

達此處。因之循環遲緩，肺力薄弱，不足以排泄腹中炭養，血脈不能紅活，於人之壽命關係至鉅。老子曰：「天地之間，其猶橐籥乎」，又曰「虛其心，實其腹。」蓋吐故納新（吐，吐腹中濁氣；納，吸新鮮空氣也），歸根復命（根，根蒂，指下丹田命門精氣也。歸復者，以意逆志於此也），以心意導精氣於下丹田而施烹煉也，久之自能延年卻病。下丹田為全身重點所在，習拳術者，沉氣於此，則屹然不動，不易撼倒。但沉者徐徐而下，在有意無意之間。非若外家之用力下沉，外膨小腹也。倘或不慎，每致腸疝諸症。邇來日本之靜坐家剛田虎二郎罹糖尿病逝世，議者疑係努力下丹田所致。非無因也。

**不偏不倚，忽隱忽現。**

偏，偏頗失中也；倚，倚賴失正也；隱，隱藏；現，表現。忽隱忽現者，神明不測也。上指身體姿勢，下指神氣運勁而言。太極，虛明中

正者也。於姿勢則必中必正，於運勁若有意無意。使神氣意力，全身貫徹，無過不及，忽隱忽現，令人不可捉摸。練習純熟，便易領悟。

幾何學定理，兩點之間只可作一直線，太極拳上領頂勁，下守重心，周身中正，便無不是處矣。但領守均須含活潑之意，富自然之趣。過於矜持，則神氣凝滯，姿態呆板，運勁不能虛靈，動生障礙矣。故曰忽隱忽現也。

**左重則左虛，右重則右杳。**

此仍承上文而言。吾隱現無常，敵以吾力在左。思更加重吾左方之力，使失平衡。吾則虛以待之，令敵力落空。敵揣吾右方有力，可以擒制。吾即隱而藏之，虛實易位，隨機善應，敵更何所施其技耶？

**仰之則彌高，俯之則彌深。**

仰升俯降也。敵欲提吾使上，吾即因而高之。敵欲押吾使下，吾即因而降之，敵遂失其重心，反受吾制矣。因仍變遷，潛移默化，運用之妙，在於一心。

**進之則愈長，退之則愈促。**

進，前進也。長，伸舒也。退，後退也。促，逼迫也。吾前進時，倘敵順領吾勁時，吾則長身以隨之，使無可退避。或敵乘勢前進，吾急引而伸之，使力到盡頭，自不得再逞。吾若退後，敵力逼來，每致迫促無路可逃。然退而急進，雖促不促矣。《易》云：「天行健，君子以自強不息」，示人遇事當積極進行，不可退縮也。

太極拳雖以柔靜為主，但非務退避。其佯退者，乃以退為進，非真退也。若竟退時，倘遇敵隨之深入，則逼迫不自安矣。又敵退後時，吾進而迫之使愈促。吾退後時，敵力跟來，吾則或俯身折疊以促其指腕，或旁按臂彎，使敵促迫不安，而不能再進。全在因勢利導，不必拘泥

也。

**一羽不能加，蠅蟲不能落。**

羽，翎羽也。加，增之也。落，降也，著也。言善太極功者，感覺敏銳，稍觸即知，稍縱即逝。雖輕如一羽，微如蠅蟲，稍近吾體，亦即知覺，趨避而不令加著也。夫虛靈不昧之謂神，有知覺然後能運動。致虛極，守靜篤，寂然不動，感而遂通，有不期然而然者。非鍛鍊有素，肢體軟靈，富有觸力，未足語此也。

**人不知我，我獨知人，英雄所向無敵，蓋皆由此而及也。**

虛靜則陰陽相合，覺敏則剛柔互濟。敵偶動作，吾無不知。吾之動作，敵盡難知。拳術家所向無敵，蓋均由此。孫子曰：「善戰者無赫赫之功」。又曰：「知彼知己，百戰不殆。不知彼而知己。一勝一負。」人不知我，我能知人，則所向無敵矣。

**斯技旁門甚多。**

泛指他項拳術而言。

**雖勢有區別。**

流派不同，姿勢各異。

**概不外乎壯欺弱，慢讓快耳。**

他種拳術重力量，尚著法，而不求懂勁，故於機勢妙合、運用靈敏、以靜制動諸訣概不過問。

**有力讓無力，手慢讓手快，此皆先天自然之能。**

謂力大與敏捷二者，均為天賦的能力，非關學力而有所為也，非由學而能者。

**察四兩撥千斤之句（見搭手歌：牽動四兩撥千斤）顯非力勝。**

如秤衡秤物，滑車起重，全賴槓桿斜面等理。太極拳以小力勝大

力，以無力制有力。與科學暗合。

**觀耄耋能禦眾之形，快何能為**。

古稱七十曰耄，八十曰耋。年老之人，舉動遲緩。然古之名將如廉頗等，雖老尚能勝眾，是必不僅恃手足速快已也。

**立如平準**。

中正安舒，不偏不倚。脊背三關，自然得路也。

**活似車輪**。

圓妙莊嚴，靈活無滯，則周身法輪常轉不已矣。

**偏沉則隨**。

偏，指一端也。如吸水機，如撤酒器，使一端常虛，故能引水。如欹器之不堪盈滿，滿則自覆矣。

**雙重則滯。**

有彼我之雙重，有一己之雙重。太極拳以虛靈為本，單重尚且不可，況雙重乎？

**每見數年純功不能運化者，率皆自為人制，雙重之病未悟耳。**

古云「恃德者昌，恃力者亡。」《易》曰：「天行健，君子以自強不息。」蓋言虛則靈，靈則動，動則變，變則化，化則無滯耳。善應敵者，常致人而不致於人，而況自為人所制乎？用功雖純，苟不悟雙重之弊，猶未學耳。

**欲避此病。**

雙重之病。

**須知陰陽。**

陰陽之解甚多，前已述之，茲不復贅。

**粘即是走，走即是粘。**

一而二，二而一者也。制敵勁時謂之粘，化敵勁時謂之走。制而化之，化而制之，制即化，化即制也。

**陰不離陽，陽不離陰，陰陽相濟，方為懂勁。**

知彼己之剛柔虛實，則陰陽互為消長。以虛濟盈，而不失其機，斯真懂勁。

**懂勁後愈練愈精。**

反襯不懂勁則愈練愈不精也。

**默識揣摩，漸至從心所欲。**

懂勁後能自揣摩，默而識之，有餘師矣。

**本是捨己從人。**

毋意，毋必，毋固，毋我，隨機應變，不拘成見。

**多誤捨近求遠。**

不知機而妄動者，動則得咎。

**所謂差之毫釐，謬之千里。**

區別甚微，人易謬誤。

**學者不可不詳辨焉，是為論。**

古人云：「獲得真訣好用工」，苟不詳為辨別，則真妄費工夫矣。

此論係三豐先生入室弟子王君宗岳所作。語簡而賅，要之於太極拳之奧理已闡發無遺。原經甚多，先取此篇加以注釋。臆斷之處，在所難免，閱者諒之。

# 太極拳運動部位圖

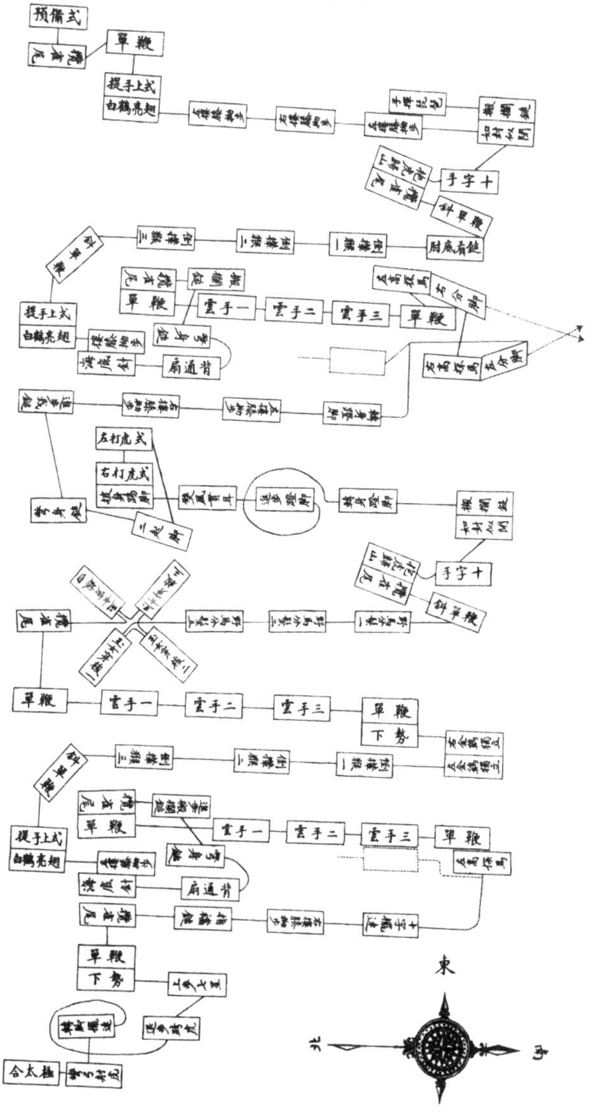

# 下編

## 第一章　太極拳路之順序及運動部點陣圖（附說明）

自北邊起向西作預備式。進左步，向右方轉身，面北做攬雀尾式。開左步，回身向南，做單鞭式。移右步向前，做提手上式。

原地做白鶴亮翅式。開左步面南，做左摟膝拗步式。上右步，做右摟膝拗步式。再上左步，做左摟膝拗步式。併右步，做手揮琵琶式。開左步，做搬攔錘式。

原地做如封似閉式。向右併步，面西做十字手式。開右步，向右斜後方轉，向東北做抱虎歸山式。

原地做攬雀尾式。回身向西南開左步，做斜單鞭式。上右步，收左步，面向南做肘底看錘式。左腿後撤，左手前伸，做倒攆猴式一。撤右腿，伸右手，做倒攆猴式二。再撤左腿，伸左手，做倒攆猴式三。退右步向西北（或進左步向東南）做斜飛式。移右步向前，做提手上式。

原地做白鶴亮翅式。開左步面南做左摟膝拗步式。左腿後撤半步，屈腿做海底針式。再開左步，做扇通背式。右後轉做別身錘式。撤右步，做卸步搬攔錘式。再上右步，做攬雀尾式。開左足，回身向南，做單鞭式。併右足，做雲手式一。開左足，做雲手式二。再併右足，做雲手式三。開左足，做單鞭式。左足後撤半步做左高探馬式。踢右足，做右分腳式。落右足，做右高探馬式。踢左足，做左分腳式。左後轉，做轉身蹬腳式。落左足，做左摟膝拗步式。上右足，做右摟膝拗步式。再上左步，做進步栽錘式。右後轉，做翻身別身錘式。提左腿，踢右腿，做二起腳式。落右腿，撤左足，向左方做左打虎式。撤右足，向右方做右打虎式。

原地做披身踢腳式。落右足向前做雙風貫耳式。踢左足，做進步蹬腳式。右後轉面向東，落左足，踢右足做轉身蹬腳式。落右足，上左步，做搬攔錘式。

原地做如封似閉式。向右併步，做十字手式，開右步。向右斜後轉，向東北做抱虎歸山式。原地作攬雀尾式。回身開左步，向西南做斜單鞭式。上右步，做野馬分鬃式一。上左步，做野馬分鬃式二。再上右步，做野馬分鬃式三。上右步向西北做玉女穿梭式一。右後轉向西南做玉女穿梭式二。再上左步向東南做玉女穿梭式三。右後轉向東北做玉女穿梭式四。

原地做攬雀尾式。開左足，回身向南做單鞭式。併右足做雲手式一。開左足做雲手式二。再併右足做雲手式三。開左足做單鞭式。

原地屈腿做下勢式。立身，提右腿做右金雞獨立式。落右足提左腿做左金雞獨立式。撤左足做倒攆猴式一。撤右足做倒攆猴式二。撤左足做倒攆猴式三。退右足向西北（或進左足向東南）做斜飛式。移右足向前做提手上式。

原地做白鶴亮翅式。開左足面南做左摟膝拗步式。左足後撤半步，屈腿做海底針式。開左足，做扇通背式。右後轉，做別身錘式。進左足做上步搬攔錘式。

原地做攬雀尾式。開左步回身，做單鞭式。併右足做雲手式一。開左足做雲手式二。併右足做雲手式三。開左足做單鞭式。左足後撤半步，做左高探馬式。開左步，穿左掌，右後轉做十字擺連式。右足落地，做右摟膝拗步式。進左足做摟膝指襠錘式。上右足做攬雀尾式。開左足，回身做單鞭式。

原地屈腿做下勢式。立身上右足、做上步七星式。退右足，收左足，做退步跨虎式。右後轉，上左足，穿左掌，再右後轉，做轉腳擺連式。向右方落右足，做彎弓射虎式。上左足靠近，雙手下垂，還原預備式。

# 附太極拳運動部點陣圖說明

㈠凡練習武術，例在某地方開始練起，即應仍在某地方收勢。今為易於觀覽起見，特舒展圖面，故起訖不能在於一處。

㈡凡在一處繼續練習數式、不移動地方者，難於疊寫。只得接近排列。以示在原地練習之意，如是。

㈢凡兩式同在原地，而位置略移動者，特參差其位，以表明之。如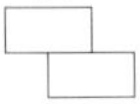是。

㈣凡動步者，則於兩位置間畫一直線，以示前進之意。如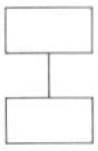是。其斜向移動者，則畫一斜線。但線之長短，與前進之度無關。

㈤凡姿勢之斜正，均以圖位之方向斜正表明之。

㈥每式注字之方法，各按每式所向之方向而定，閱者注意。

(七) 凡身體旋轉之式。以線◎表明之。其半轉身者。則畫Ↄ線以表明之。

(八) 左右分腳圖之指標線，乃示其足尖所向之方向。

(九) 凡畫虛線位者，乃示下一式當居之位。因該處地勢窄狹，不便引畫，故移畫於下方。

(十) 全圖方向，另有指標，與普通所謂上為北下為南者不同。

## 第二章　太極拳各勢圖解

太極拳術以虛無為本，其所鍛鍊神氣二者而已，非如外功拳術之專尚形勢也。則曷貴乎姿勢，但人之神氣曷所寄，寄於肉體，由肉體以鍛鍊精神。以心意作用，運動肢體，而俯仰屈伸，各如其意，使身心二者合一。由開合、鼓蕩、呼吸、進退以鍊其氣。由體覺、筋覺、觸覺以敏其神。使太極之體用兼備，則習太極拳術者，於姿勢之講求，似亦未可從緩。

嘗考太極拳之流派有三。有以姿勢之多寡命名者，如三十七、小九天等是也。有以易象異名者，如先天拳、後天拳等是也。有以運勁行步之方位定名者，如十三式是也。其姿勢、名目、練習方法各有不同。雖均可採，然除十三式外，多用單式練習，無固定之次序，於連貫教練上未盡相宜，當另為編製。今先就十三式拳路各姿勢之原有次序，繪圖立說，聊備參考云爾。

預備式圖

## (1) 預備式

【釋名】凡拳路於演習之前，必有預備，以喚起全身注意。若警告其振作精神，從事練習，且致敬禮於參

觀者之意，與體操之立正相同。太極拳以心意作用運動筋肉。將練習時，必須精神專注，方克有濟。故預備式於太極拳術中尤為重要。

【動作】有一：㈠預備。

【圖解】身體直立，兩手下垂，腕與胯齊，掌心下按，目前視，兩足距離與肩之寬相等。

【注意】練習時，宜體靜神舒，氣沉丹田，精神貫頂（頭頂）。全身須靈動活潑，無絲毫著力處。

## (2) 攬雀尾式

【釋名】取兩手持雀頭尾，而隨其旋轉上下之意。一名攬切尾，擬敵人之臂為雀尾，攬之以緩其前進之力，即乘勢前切以擲之也。二說均可。

【動作】有六。初習時僅分攬切二動作，熟習後則兩手由內向外，

攬雀尾式圖一

攬雀尾式圖二

復由外向內。其運行路線，為左右兩圜形。細分之為提擠攌按掤切六動。㈠開步提手；㈡進步沖擠；㈢坐步攌攬；㈣進身按手；㈤外掛前掤；㈥推切手。

【圖解】

㈠由前式左足向前踏出一步，足踵著地；同時，屈右膝蹲身；左掌自左胯側由外向內做圈，彎轉前伸而上，至腹前；右手下按，指撫左肱，以助其勢，逐漸上提，至胸而止；左足尖隨之下落，至著地時，全身重點，移於左足。

㈡進右步，向右方；同時，右臂屈肱向外前擠，垂肘，大指約對鼻部；右腿隨同前屈。

㈢左腿後坐，兩臂向懷內合，若攬物下擺之意。

㈣兩手前按。

㈤右手上仰前掛，隱含掤意。

㈥兩手旋轉向內，指尖做圈，右手轉至掌心向下，即向前推切，左手約居右肘彎處，兩手參差，向同一方向前推。

【注意】練時手尖路線須成一雙環形，腰脊隨之作同一動作，方能靈活。此勢運動身體腹腰肩背各部。

【應用】搭拗手時，搭外則外掛前推，搭內則內攬採起前推。若搭順手時，則攬其肘外方前推。搭內則向外掛其肘或腕，即前推。

## (3) 單鞭式

【釋名】單者，單手之意。鞭者，如鞭之擊人也。單式練習時，亦可改為雙手，同時向左右分擊。名雙鞭式。

【動作】有二：㈠垂腕；㈡伸臂放掌。

單鞭式圖

【圖解】㈠由前勢右臂不動，手腕下垂，五指微攏作鉤形；右足尖微向左前轉，約九十度。

㈡屈左臂，左掌循右臂左行，經胸前略作上弧形，向左伸與右臂成一直線，坐左腕，五指分張微屈向上，食指對鼻，肘彎微屈；同時，左足略抬，向左前方踏出半步，與足尖作同一方向，兩足成斜平行方形，足尖隨手落下，做弓箭步樁，使全身重點移於左足。

【注意】前手向前運動時，後手須用通臂勁以助之，略含自上下擊之意。而左右二足相隨，務須一致。後肩與前肩水平勿上聳。此勢為四肢暨背部之運動也。

【應用】敵以順手進擊時，乘勢引領其臂，使敵身略前傾。即伸掌進擊其胸，用推按勁或切勁均可。

## (4) 提手上式

【釋名】提者，勁名，若提物向上也，一名上提手。

【動作】有二：㈠合手；㈡上提手。

【圖解】㈠由前式右足前進，至兩足距離之中分處（如以兩足距離為三角形之底邊線，則右足踵適落其頂角）；兩臂向懷內抱，右手略

提手上式圖一

提手上式圖二

前，兩掌心左右相對（如圖一）。但右臂向內合抱時，其法有二：一，從上而下向內抱；一，從下而上向內抱。

㈡垂右手腕，從左掌內經過向上提，約對鼻準（如圖二）。

【注意】練此式時，宜提頂勁。而腰腿隨其伸縮上下，方得機勢。此式練習脊骨之伸縮力。

【應用】敵用順手迎面直擊時，一法：我由上搭其臂，用腕擠擲之，或下蹲身向上以擲之。一法：用左手下按敵腕，掏出右手，提腕上擊敵之頰鼻等處。

## (5) 白鶴亮翅式

【釋名】此式分展兩臂，斜開作鳥翼形。兩手兩足，皆一上一下，一伸一屈，如鶴之展翅，故名。華佗五禽經之鳥形，婆羅門導引術第四式之鶴舉，第十二式之鳳凰展翅，閩之鶴拳均取此意也。習太極拳者，練此勢時，有斜展正展之別，實則一為展翅（斜），一為亮翅（正），可連續為之。如圖一為展翅，圖二為亮翅。

【動作】有二：㈠展臂；㈡雙舉手。

【圖解】

㈠分展兩臂，斜開若雁翼形，左掌斜下外摟，身隨之半面向左轉；右足斜出一步，足尖點地；右手經過面前，斜上展至腦右方而止，手背向外，掌心相應。兩臂展開時，須速度相同。全身重點寄於右足

白鶴亮翅圖一

白鶴亮翅圖二

（如圖一）。

㈡收左足，身體直立；左手屈肘上舉，約與頭齊或略高，掌心向上；同時，右手亦翻轉向前，兩手做同一姿勢，頭與兩臂恰如山字（如圖二）。

【注意】練時須背心用勁，以為兩臂之樞紐，則開合自然矣。此式為練習胸部及背部之伸縮力。

【應用】一敵在左側，我用左手由敵腋下穿提上展，右手下撫，則敵必仰倒矣。二為開纏敵手。

## (6)（左右）摟膝拗步式

【釋名】摟膝者，即以手下摟膝蓋之意。拗步者，步名也。拳術家以進左足伸左手、進右足伸右手謂之順步。反是如出左足伸右手、出右足伸左手謂之拗步。

摟膝拗步式圖

【動作】有三：㈠原地摟膝；㈡上步摟膝；㈢拗步掌。

【圖解】㈠由前式蹲步，左手不動，右手向外下摟右膝暫停。

㈡左足向左方踏出一步，左手順鼻準下落至胸前，順勢向左外摟左膝，至左胯膀暫停，掌心向下，指向前，臂微屈，肘尖向後。此時身左轉向前方。

㈢身向左轉時，右手由後下方宛轉上伸，經過右耳之旁，掌心幾

與耳相摩。時肩肘手三者成水平線，直向前伸，伸至極處，指尖上翹，掌心吐力；腿為弓箭步（如圖）。

【注意】練時須蹲身，兩臂動作憑腰力運動，左右手運行路線皆為橢圓形。此式練習兩臂腰膝之屈伸力。

【應用】敵由下方擊來，即以順手向旁摟開，以拗手前推其胸。

## (7) 手揮琵琶式

手揮琵琶式圖

【釋名】兩手相抱，如抱琵琶狀故名。手揮者，兩手搖動如以指撫弦者然。

【動作】有二：㈠抱手；㈡併步外揉。

【圖解】㈠由前摟膝拗步式，身漸撤回，使全身重點移於右腿，如丁虛步；右手後撤；同時，左手順左胯上舉，雙手內抱，兩手參差相對，若抱球狀，兩肘微垂，前手食指約對鼻準，後手當胸，掌心約對前手臂彎處（如圖）。

㈡併右足至左足後踵；同時，雙手做環形外運。

【注意】以手外運時，須用腰脊之力。

【應用】敵握吾右腕時，吾右手向懷內後撤，以揉化其力。遂進右足，以左手按其肩下前推。

### (8) 進步搬攔錘式

【釋名】搬攔錘者，即用手搬開敵人手而攔阻之，復用拳迎擊之稱。南人名拳為錘，此為太極拳五錘之一。進步搬攔錘者與後之退步搬

進步搬攔錘式圖一　　進步搬攔錘式圖二

攔錘、卸步搬攔錘之對稱也。

【動作】有三：㈠裏搬手；㈡外攔手；㈢前擊錘。

【圖解】

㈠由前式以在前之左手肘臂向內搬，腰身隨之；右手當胸，指尖向上。

㈡右足向左前方進半步，左手隨之外攔，約對左耳為止，肘微屈下垂，肘尖約對左胯，指尖上指（如圖一）。

㈢右手握拳內轉，虎口向上，沿左拳向前直擊（如圖二）。（此為上搬攔。若下搬攔，則由左腕上出拳前擊）。

【注意】練時腰背肩胯須一致。搬攔時須空腋鬆肩。擊拳時須正身用脊力，不可探身向前，因探身則僅用腰力矣。此式運動脊椎，靈活肩胯。

【應用】敵拳當胸擊來，即以順手向內搬開。敵欲外逃即攔之，乘機拳擊其胸。

## (9) 如封似閉式

【釋名】封閉者，即格攔敵手之意，與岳氏連拳之雙推手、形意拳之虎形相同。

【動作】有三：㈠十字搭手；㈡雙分手；㈢前推手。

【圖解】㈠左手不動，身後坐，右腿微屈；右拳向左畫一平圈形，右腕收回至左腕上面時，兩手腕呈十字交叉。

如封似閉式圖

㈡將右拳撤回變拳為掌，雙手隨即分開，兩手距離與肩之寬等。

㈢雙手內合前推，身隨前傾，重點寄於左足，或抬左足略向前邁亦可（如圖）。

【注意】撤拳時須全身後坐，將拳帶回，不可僅屈臂彎。搭腕即須分開，分開即須前推，不可停滯。分手時兩肘微彎，肘尖下垂近肋，切勿旁開，致勁分散。前推時手指前伸，掌心吐力。

【應用】用搬攔錘時，敵若以左手推吾右拳，即將右拳向內撤回，而以左手從下外方攔其手。復騰出右手向前推之。

## ⑽ 十字手式

十字手式圖

【釋名】十字手者，兩手腕交叉相搭，狀如十字，故名。凡兩式相連轉折不便者，均可加十字手以資銜接。

【動作】有一：㈠十字手。

【圖解】由前式左足向右內轉，約九十度，全身隨之右轉，兩足距離與肩之寬等；左手在內，右手在外，同時上舉交叉於頭頂上，兩臂微屈。

【注意】演練此式，須續連下式，不可稍有停頓。

## ⑾ 抱虎歸山式

【釋名】抱虎歸山者，擬敵為抱虎而擲之也；又名抱虎推山。當抱敵

抱虎歸山式圖

時，敵思逃遁，即乘勢用手前推也。兩說均是。學者於此式多不注意，或有以如封似閉代之者。蓋此式與後式攬雀尾連絡一氣，最易混淆之故。

【動作】有五：㈠原地摟膝；㈡開步摟膝；㈢拗步掌；㈣內抱；㈤前推。

【圖解】㈠由前式右手不動，左手下摟左膝，坐身向右斜後方轉。

㈡開右步落右手，下摟右膝（如圖）。

㈢伸左掌為右式摟膝拗步式。

㈣左手不動，右手向後伸，以肩為中心，臂為圓圈之半徑，從下後方翻轉向上，至前方做大圓圈下抱，至手肘與肩平時，即坐身雙手隨向後擺，做交叉狀。

㈤雙手分向前平推。

【注意】此式須以腰身運動肩背，五動作連成一氣。

【應用】設敵以左手由吾身後右側擊來，即以右手下摟其臂，以左掌迎面擊之。倘敵左臂乘勢上抬外逃，或左轉隨手擊吾頭部，應即進身以右肩承接其臂根，圈右臂後抱敵身。設敵思逃遁，應回身以右手外例其雙手前推其胸。

斜單鞭式圖

### ⑿攬雀尾式

見前。

### ⒀斜單鞭式

【釋名】斜者，指方位而言。前

抱虎歸山式，係斜方位。此依前式方向故名斜單鞭式。

【動作】與單鞭式同。

【圖解】與單鞭式同。

【注意】斜方向。

【應用】與單鞭式同。

## ⒁肘底看錘式

【釋名】立肘時，肘之下曰肘底。看者，看守之意。一名肘下錘。

【動作】有三：㈠移步領手；㈡收步舉手；㈢肘下錘。

【圖解】今作三角形，前式左足在甲點，右足在乙點。

㈠左足不動，右足向右方踏出半步，移至乙點；右手隨之。

㈡左足向內收半步，由甲點移至甲點，足踵著地，足尖向上；同

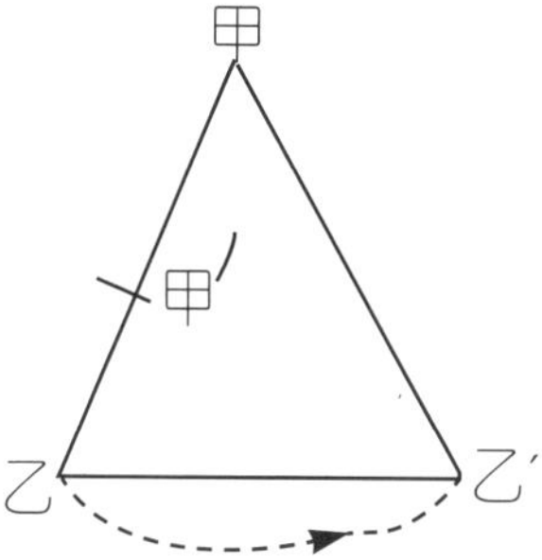


肘底看錘步法圖

肘底看錘式圖

時，左手由外向內做圈，順胯而上至胸前上舉，掌心向內，約與眼平。

㈢左腕略外轉上托，右手作拳置左肘下；右腿微屈，成丁虛步，全身重點寄於右足。

【注意】右臂運行之線路，成一半平圈形。左臂在左方畫一斜立圈形，出拳時身須隨之略含向前之意。同時鬆腕聳身，尤須注意三合（即肩與胯合、肘與膝合、手與足合）。此式練習深呼吸。

【應用】設敵以右手擊來，以左手

握敵右肘前領，轉腕上托，而以右手下擊其脅。

## ⒂ 倒攆猴式

【釋名】倒攆猴者，因猴遇人即前撲，先以手引之，乘其前撲，一方撤手，一方以手按其頭頂之意。一名倒趕後，即向後倒退，引敵趕來，隨以手乘勢襲擊之意。

倒攆猴式圖

【動作】有二：㈠退左步伸掌；㈡退右步伸掌。

【圖解】㈠由前式右足不動，左足向後退半步；左手順耳邊前伸至極處，五指尖上指，掌心吐力，腕與肩平；同時，右手下落至胯旁，與摟膝拗步姿勢同。

㈡左足不動，右足向後退半步；右手由後翻轉向上至耳邊，前伸至極處，指尖上指，掌心吐力，腕與肩平；左手下落至胯旁，與摟膝拗步姿勢同。

【注意】兩腿彎宜微屈。兩足足尖與踵前後宜成直線。兩足分開之寬度，宜與肩齊。須正身軀，懸頭頂，提脊骨，以運動督脈（十二神經）。此式動作次數，宜取單數，或三或五均可。

【應用】設敵用拳擊或足踢，即以前手下摟以格攔之。復以後手迎擊其面部。

### ⒃ 斜飛式

【釋名】此式如鳥之斜展兩翼而飛，故名。有左右兩式。但練左式，初習者每易斷勁，不如右式之順也。

【動作】有二：㈠搭腕；㈡斜飛。

【圖解】㈠由前式俟練至右腿在前時，左手在前不動，右手由後方翻轉向前畫一圓圈形，向左腕下落。

㈡約將至左腕時，左手從右腕上挽過，使掌心相對；同時，退右步復向右後斜方踏出半步，右手斜向右方，左手斜向左方，若鳥張兩翼狀，目注視右手。

斜飛式圖

【注意】須以腰身運動手足。

【應用】此式為騰手法。如右手與敵左手相搭，即以左腕上挑敵腕，以右手進擊之。

(17) 提手上式

(18) 白鶴展翅式

(19) 白鶴亮翅式

(20) 摟膝拗步式

以上四式均見前。

海底針式圖

## (21) 海底針式

【釋名】海底者，人體之穴名。海底針，即手向海底點刺之意。

【動作】有二：㈠提步摟手；㈡海底針刺。

【圖解】㈠左手摟膝；同時，收左足，足尖點地。

㈡右腿下屈，坐身；右臂沿左膝內向下直伸，指尖下指。此時左手或拊右肱，或沿胯後撤均可。

【注意】脊骨務須直立，不得屈曲前傾。手下指時，略含點刺之意。此式練習脊骨及膝之伸縮力。

【應用】敵用右手擊來，即以左手向旁摟開，以右手還擊敵胸。如敵用左手握吾右腕時，則轉腕向下直指，則吾勁前發，敵必倒矣。

扇通背式圖

## (22) 扇通背式

【釋名】扇通背者，擬脊椎骨為扇軸，兩臂為扇幅，如扇之分張狀。通背者，使脊背之力，通於兩臂之謂也。

【動作】有二：㈠立身合腕；㈡通

背掌。

【圖解】㈠立身兩腕相抱。

㈡左足前進一步；左臂向前直伸，右臂彎曲上抬，手背覆額。此時須正身，兩腿成騎馬式，唯左足尖須前向。

【注意】運勁時，左掌心之力與左肋骨相應，做向前之勢。同時右臂之力，須通於左手。此式練腿力及肩背力。

【應用】敵以右手擊來，即以右手反刁敵腕上提，以左掌擊敵脇下。

## ㉓彎身錘式

【釋名】彎身錘者，腰部後別，使身折疊，復用腕進擊之謂。此為太極拳五錘之一。

【動作】有二：㈠肋下交叉手；㈡彎身錘。

彎身錘式圖

【圖解】㈠由前式身向右轉屈左腿。兩手相合下落，兩腕相搭於左肋下，全身重點寄於左足。

㈡左手不動，提右足向右後方斜移半步，身隨右轉；右手掌心向上做拳，屈肘別身，肘浮依右肋，拳由上落下，與肘成水平為度；左手當胸作掌，指尖向上，食指約對鼻準，目前視，步為弓箭步。

【注意】轉身時，手腿動作須以腰脊為樞紐，方能靈活無滯。

【應用】敵人自身後一手按腕，一手按肘。將擲吾時，即向後別身屈肘，擒制敵臂，乘勢抬步握拳迎擊。

卸步搬攔錘式圖一

卸步搬攔錘式圖二

## ㉔卸步搬攔錘式

【釋名】搬攔錘已說明於前。卸步者，將步向旁挪移，與退步之向後退者不同。

【動作】有二：㈠裏搬手；㈡前擊錘。

【圖解】㈠左手內搬，左足不動，右足向右卸半步；右拳隨之由內向外平運，其路線成一圓形。遂轉右腕，虎口向上。

㈡右拳前擊，與進步搬攔錘式同。

【注意】手腕宜隨步動作。

【應用】雲手時，敵設用力上抬，即卸步以緩化敵力。乘勢進擊其胸。

## ⑵⑸ 攬雀尾式

見前。

## ⑵⑹ 單鞭式

見前。

## ⑵⑺ 雲手式

【釋名】雲手者，手之運動如雲之迴旋盤繞之意。其左右手運行，

雲手式圖一

雲手式圖二

與少林拳術之左右攀援手同。此式於太極拳中最為重要。

【動作】有三：㈠原地雲手；㈡移步右雲手；㈢移步左雲手。

【圖解】㈠左手不動，右手下落，自右下方向左畫圓圈形。其運動路線，右臂圓轉向下經過雙膝，復向上由臍左上升，繞過頭頂至右額角停；左手俟右手運行至左肩時即下降，掌心向內，自左下方向右上升，畫圓圈形。其運行路線，左臂向下圈轉，經雙膝，向右上升，至右脇稍停（如圖一）。

㈡接上動作。右手下落，仍向左畫圓圈形，繞過頭頂至右額角稍停，與原地雲手下降時同。唯左手運行將至右肋時，右足應隨右手向左挪移半步。左手於右手向下運行時，即向上繞頭頂至左額角稍停（如圖二）。

㈢左手接上動作下降，繞過雙膝向右上升，至右脇旁，右足向左挪移半步；右手同時繞過頭頂至右額角稍停。左右雲手每手以三次為度，至末次仍復前單鞭式。

【注意】雙手運行，速度須等。步須隨身移動，上身不宜搖擺。眼注視在上部運行之左右手。

【應用】設敵自後襲擊右肩，即以右手迎之。及觸敵手，即翻掌發勁擲之。左手亦然。又敵用左手自前面擊來，即以右手向右運開，乘勢進擊。

## ㉘ 左高探馬式

【釋名】高探馬者，身體高聳，向前探出，如乘馬探身向前狀故名。

左高探馬式圖

左高探馬，在右分腳前。右高探馬，在左分腳前。

【動作】有二：㈠捋手；㈡撲面掌。

【圖解】㈠收左足，足尖點地；左手外挽下捋，仰手屈肘，置左肋旁；同時，右手自右上方下落經過面前，搭於左腕上，呈十字手，兩手虎口向上。

㈡左手掌心向上，肘向後微撤；右掌心向下，由左掌上面前伸，掌心吐力，食指對鼻準。

【注意】捋手時，足之起落須與手一致。

【應用】設敵以左手進擊吾胸，即順手捋敵拗腕，隨手擊之。

## ㉙ 右分腳式

【釋名】分腳者，即用腳向左右分踢之謂。此為右分腳式，下又有左分腳式。

【動作】有二：㈠撤步攌手；㈡分踢。

右分腳式圖

【圖解】㈠向左後方撤左步；同時，雙手後攌，或分向外畫一圓圈形，隨向內抱，呈十字手式；同時，右足收至左足右方，成丁虛步，足尖點地，蓄力待發。

㈡兩手分開，手腕與肩成水平；同時，右腿向右前方分踢。

【注意】撤步擺手，須手步一致。踢時兩臂水平，後腿微屈。全身重點寄於後腿。

【應用】擺敵之臂，用撲面掌時，如敵順勢用肘或臂上抗，即用下纏手，由內分手外擲其臂，乘勢前踢。

右高探馬式圖

## (30) 右高探馬式

【釋名】見左高探馬式。

【動作】有二：㈠收步合手；㈡撲面掌。

【圖解】㈠右腿收回原地，足尖點地；兩臂由外下落向懷內抱，兩

左分腳式圖

轉身蹬腳式圖

腕相搭作十字手式。

㈡同左高探馬式第二動作。

【注意】同左高探馬式。

【應用】同左高探馬式。

## ⑶ 左分腳式

【圖解】已於右分腳式說明。手腳之動作與右分腳同，唯左右互易。

## ⑶ 轉身蹬腳式

【釋名】轉身蹬腳者，身向後轉，復以足踵前蹬也。

【動作】有二：㈠轉身；㈡蹬腳。

【圖解】㈠收左足，足尖點地，右足立地，足尖隨身向左轉；同時，兩臂由外下落向懷內抱，兩腕相搭做十字手式；屈右足蹲身，左足尖點地，目左視。

㈡身上聳，兩手左右分開；左足同時向左前蹬，足踵用力。

【注意】轉身時，身須直立不可前俯。

【應用】設敵由身後襲擊，即轉身避過，並乘勢用腳前蹬。兩手隨向左右分開，以防敵之摟腿也。

## ⒀ 落步摟膝拗步式

【釋名】落步摟膝拗步者，承前式。左足向前落步，隨以左手摟膝之謂也。餘與前摟膝拗步式同。

## ⑶④進步栽錘式

【釋名】進步栽錘者，步向前進，同時將拳由上下擊，如栽植之狀，故名。為太極拳五錘之一。

【動作】有二：㈠併步摟膝；㈡開步摟膝栽錘。

進步栽錘式圖

【圖解】㈠右足進半步，屈左腿；右手下摟至膝，左手從後下方上舉至耳邊，屈臂向前，掌心內向稍停。

㈡進左步，左手下落，向前外摟；同時，右手作拳，手心向內、向下方斜擊，左手撫右腕以助其勢；左腿前弓，右腿彎微屈，作弓箭步亦可。

【注意】頭頂不可傾斜，冒過足尖。栽錘須用脊骨力。摟左膝時，左手宜浮靠左膝。

【應用】設敵以右拳迎擊吾胸，即以左手向外摟開，隨以右手進擊敵面部。倘敵以左手內握吾腕，即覆手作拳前擊其腹。

翻身彆身錘式圖

## ㈤翻身彆身錘式

與前彆身錘式同，唯加一翻身動作而方向不同耳。

## ㈥二起腳式

【釋名】二起腳者，左右腳連續起踢也。

【動作】有二：㈠捋手前踢；㈡落步前踢。

【圖解】㈠由前翻身彎身錘式，左手屈肘仰掌收回，貼於左肋，右手前伸（同撲面掌）；左腿前踢，如彈腿式。

二起腳式圖

㈡左足落下，兩手由右上方向左下方下擺；左足甫及地時，右足提起前踢；兩臂前伸，兩掌拍右腳背。

【注意】第二動作之路線宜成圓圈形。

【應用】敵用左拳當胸擊來，即以左手進握其腕，以右手迎撲其面，乘其不意，起左腿踢之。設敵退避或下格吾足時，則復躍起換右腿踢之。

右打虎式圖

左打虎式圖

## (37)（左右）打虎式

【釋名】此式氣象兇猛。狀類打虎故名。

【動作】有二：㈠左打虎式；㈡右打虎式。

【圖解】㈠由前式左足向左後方斜撤半步，弓膝作左弓箭步樁。身左傾，半面向左，右足隨之後撤半步，落於前式左足所在地；同時，左臂由腹前向左後撤至脇下，握拳由外上舉，仰拳（虎口向後）覆左額前，右臂隨同後撤，覆拳橫置左脇下（虎口貼左脇）。

㈡右足右移半步，弓膝作右弓箭步樁，身右傾，半面向右；同時，兩拳下落，經小腹前至右脇下，左臂覆拳橫置右脇下，右拳由外上舉，仰拳覆右額側。

【注意】左右兩式，拳之運行路線宜成左右兩圓形。其交叉線在大腹之前。

【應用】敵以雙手握吾之臂，即將臂後撤上轉。復用他手，由脇下穿，替出所握之臂，迎頭擊之。

## (38) 披身踢腳式

【釋名】披身踢腳者，身後傾作斜披勢，起腳前踢也。

【動作】有三：㈠披身擺手；㈡十字手；㈢分手前踢。

披身踢腳式圖

【圖解】㈠由前左足向左方斜後撤半步，身向左後坐；同時，兩手作掌，由右向左運行半圈，左手置胸左側，右手置胸前，食指約對鼻準。

㈡撤右腳至左足右側，足尖點地，左腿下蹲；同時，撤右手搭在腕下，左手稍向前伸，兩掌向胸作十字手。

㈢兩手分向前後展開，同時起右腳前踢。

【注意】披身，須以腰為樞紐。運動雙臂，起腳前蹬時，左腿宜微屈，使重心寄於左足。

【應用】敵以左手當胸擊來，即披身用手擺敵之臂，復以右手向外挑擊，同時起右腳踢敵胸脇。

## ㈢㈨ 雙風貫耳式

【釋名】此式以兩拳從側方貫擊兩耳，敏捷如風故名。

【動作】有二：㈠落步鎖手；㈡分手雙貫。

雙風貫耳式圖

【圖解】㈠由前式右足向前落下，約離後足一步，膝前弓；同時，兩臂由外方向內平運，至膝前，雙腕交叉（左腕在上虎口向上）。

㈡身後撤，腿後坐；雙手（掌心向上）向左右分開，至胯側作拳，由內而外向前上方運行，至與肩成水平時，兩拳相遇約離四五寸，此時覆拳垂肘，兩臂水平，雙臂內彎成橢圓形。

【注意】手臂進退須與兩腿一致，活潑無滯。

【應用】敵以拳當胸擊來，即以雙手分格，乘勢進擊敵之雙耳。

## (40) 進步蹬腳式

【釋名】此式先向前進步，次起腳前踢故名。

進步蹬腳式圖

【動作】有二：㈠進步合手；㈡分手蹬腳。

【圖解】㈠由前式右腿伸展，左足趁勢向前進步，落步於右足前，蹲身，足尖點地。（身即隨右足尖向右轉九十度）；兩手作掌。

㈡右腿伸展，身起立，左腿同時上提前蹬；兩手隨同向左右分展。

【注意】蹬腳時須足踵吐力。右腿宜微屈，使全身重點集於右足。

【應用】設以左手擊敵，敵以右手自下托吾肘時，應即蹲身向外下纏敵臂兩手，起左足前蹬敵脇。

(41) **轉身蹬腳式**　(42) **上步搬攔錘式**　(43) **如封似閉式**

(44) **十字手**　(45) **抱虎歸山式**　(46) **斜單鞭式**

以上六式均見前。

## (47) 野馬分鬃式

【釋名】此式運動狀態，如野馬奔馳。兩手分展，如馬之頭鬃左右分披，故名。

【動作】有二：㈠擰身合手；㈡上步分手。

【圖解】㈠由前斜鞭式，兩足尖向右方移轉約九十度，身隨之向右轉，屈身；雙手內抱作十字手。

野馬分鬃式圖一

野馬分鬃式圖二

㈡右足前進半步，膝前弓，全身重點寄於右足；同時，右手向右前方，左手向左後方分展，遙遙相對，若雁之展翼。此為右式。左式動作同右式，唯肢體左右互易。按拳路練習言之，本式動作，宜取奇數。如右式二次，左式一次。但第一次動作，只前進半步，餘均前進一步。

【注意】兩臂分合，務須腰胯一致。全身動作，須舒展活潑。

【應用】敵直擊吾胸，即以拗手進按敵腕，隨進順步至敵腿後彎，伸順臂自敵腋下斜上挑擊。

王女穿梭式圖一

王女穿梭式圖二

## (48) 玉女穿梭式

【釋名】此式先前進，次後轉，再後轉，周行四隅，連續不絕，如織錦穿梭狀，故名。

【動作】有二：(一)擰身合手；(二)曲肱探掌。

【圖解】此式在拳路中，向四隅運動，共分四次。每次動作有二，身有轉身、回身之別。（一、三）兩次為回身，（二、四）兩次為轉身。每次所對方向，有一定順序。如自南而

王女穿梭式圖三

王女穿梭式圖四

北演習，則先西北，次西南，次東南，次東北。

第一次運動：㈠如野馬分鬃式第一動。㈡左足向左前方踏出一步，膝前弓，身前傾；右手自左腋下向前探出，掌心吐力。

第二次運動：㈠合手回抱胸前，做十字手，身向右後轉。㈡向右斜方踏出一步，手之動作如第一次運動，唯左右互易。

第三次運動：左足向左橫踏一步。手之動作，如第一次運動。

第四次運動：身向右後轉，手之動作，如前第二次運動。

【注意】轉身時，須腰步相隨一致。運動方向雖斜，而身體姿勢仍宜中正毋欹。

【應用】敵以拗手從後方側面擊來，即回身以拗手傍纏敵腕。隨進順步，以順臂上掤敵臂，伸拗手擊敵胸腋。

### (49) 單鞭式　(50) 雲手式

以上二式均見前。

### (51) 下勢式

【釋名】下勢者，身體下降之意，故名。

【動作】有二：㈠坐身收手；㈡立身伸臂。

下勢圖

【圖解】㈠由單鞭式屈右腿下蹲，伸左腿伏地（名半步叉樁步），坐身於後足；後臂不動（亦有彎屈與前手相抱作琵琶式者），前臂屈肘後撤，至左胯彎（腿襠），伸掌前指。又前臂後撤時，身手路線成上半圓形。

㈡弓前腿，後腿伸開，身因之起立；左臂隨由上方前伸，運動路線作下半圓形，與第一動合成正圓形（還原單鞭式）。

【注意】蹲身時，脊骨須直立，不可前傾。膝臂屈伸與身之起落，務須一致。

【應用】敵以雙手握吾臂，或前撲吾身。不能抵抗時，則用此式坐身揉避，變化敵力，令其落空，即乘勢前擊。

金雞獨立式圖一

金雞獨立式圖二

## (52)（左右）金雞獨立式

【釋名】此式一足立地，一足提起。手臂上揚作展翅，狀若金雞，故名。

【動作】有二：㈠前進提腿擎掌；㈡退步提腿擎掌。

【圖解】㈠由前下式，右手由後向前旋轉上舉，至胸前，經過面部，至頭頂時，掌心翻轉向外，圈右臂成半圓形，置右額側；同時，右腿屈膝上提，至膝蓋與右肘相接為度，左腿直立；左臂下垂，掌心向內，指尖指右足左側。

㈡右足下落；左手左足上提如第一動作，右臂下垂，指尖指左足右側。

【注意】此式運動樞紐在腰頂，全身重點寄於一足，務使穩如山嶽，不可動搖。手足起落，尤須一致。

【應用】設以拳掌進擊敵胸，敵以手格攔。應即以手向上挑開敵手，以後腿之膝衝敵小腹，並以前手同時進擊。

(53)倒攆猴式　(54)斜飛式　(55)提手上式

(56)白鶴亮翅式　(57)摟膝拗步式　(58)海底針式

(59)扇通背式　(60)彎身錘式　(61)上步搬攔錘式

(62)上步攬雀尾式　(63)單鞭式　(64)雲手式

(65)高探馬式

以上各式均見前。

## (66) 十字擺連腿式

【釋名】拳術名詞，以伸順拳、踢拗腿為十字腿（如彈腿之第二路是），旁踢為擺連腿。此式兼具故名。

十字擺運式圖

【動作】有四：(一)穿手；(二)撲面掌；(三)轉身舉掌；(四)擺踢。

【圖解】(一)由高探馬式。左足前進半步，左手仰掌，由右手腕上面穿出，右手掌心向下，同時隨右臂抽回，屈肱置左腋下。

(二)左掌內運下合，掌心向前吐力。

(三)坐左腿，向右後方轉身。略舒右腿，如丁虛步。左臂由頭左上舉，圈置頭上，掌心向前。

㈣右足由左向右擺踢；同時，左掌由右向左拍右足面，左臂下垂，掌心向下。

【注意】轉身後，須以全身重點寄於左足，方可將右足提起。右足運動路線，宜為正圓形。

【應用】敵由後襲擊，即轉身以手格攔，乘勢以足側踢之。

## (67) 摟膝指襠錘式

【釋名】此式於摟膝後，乘勢用拳進擊敵襠故名。此為太極拳五錘之一。

【動作】有三：㈠落步摟膝；㈡進步摟膝；㈢指襠錘。

【圖解】㈠由前十字擺連腿。右足落

摟膝指襠錘式圖

地，右手摟右膝蓋，作右摟膝拗步。

㈡左足前進一步，左手摟左膝蓋。

㈢探身弓前膝，右手握拳（虎口向上），前伸斜下指，左手置左膝旁，或撫右臂助勢均可。

【注意】拳前擊時，力須由背脊發出。右肩須探出，右足宜直伸。

【應用】敵以左右手足連擊下部，應以左右手格攔，乘勢進擊敵之下部。

**(68)上步攬雀尾式　(69)單鞭式　(70)下勢式**

以上各式均見前。

七星式圖

## ⑺ 上步七星式及退步跨虎式

【釋名】拳術家以兩臂相挽、兩拳斜對名七星式。兩臂分張，兩手分作鉤掌。雙腿蹲屈，一足立地，一足提起，足尖點地，名跨虎式。此兩式有聯合練習之必要。故合之。

【動作】有二：㈠上步七星；㈡退步跨虎。

【圖解】㈠由下勢左膝前弓，右足前進，貼左足踵，足尖點地；左手握拳當胸，右手由後向前，握拳隨右足前進，經過右胯旁，由左腕下前擊，與左腕交叉作十字手式。

㈡右足退後半步，屈膝下蹲；左足收回至右足側，足尖點地，成丁虛步；雙臂相挽內抱，右手從左臂內掏出，向右側伸展，掌心向前；

同時，左手作鉤，向左下方斜摟，左膝上升，五指作猴拳，指尖後指，兩臂宜平。

【注意】七星式全身重點在左足。胯虎式全身重點在右足。

退步跨虎式圖

【應用】㈠上步七星式。設敵以拳當胸擊來，應以左臂上架或外攔，隨進右足，以右手從左手下擊敵胸部。

㈡退步胯虎式。用前式時，設敵以手下壓，或外摟。及前踢，即以左手下摟敵手或足，抽出右手，推敵胸肩。

## (72) 轉身擺連式

【釋名】轉身，動作名。轉身擺連者，轉身蓄勢，藉起擺連腿也

轉身擺連式圖

（擺連腿解釋見前）。

【動作】有二：㈠轉身合手；㈡擺連腿。

【圖解】㈠由前跨虎式，右後轉身，上左步；雙手內合，當胸作十字手形。

㈡起右足，由左向右擺踢；雙臂前伸，雙手自右向左拍右足背，收置腰左右。此時右足落地，足尖點地近左足側。

【注意】上左足時，宜足尖向內，以便回轉。

【應用】敵自左側擊來，即閃身上左足以避之，誘敵追襲。乃轉身起右足，從旁踢敵脇部。

## ⑺ 彎弓射虎式

【釋名】此式取人在馬上彎弓下射之意，故名。

【動作】有二：㈠開步曲肱；㈡舒臂前伸。

彎弓射虎式圖

【圖解】㈠由前式右足向右前方踏出一步，身右前傾；屈雙臂作拳內抱，由左腰際過臍前，向右運行。至右腰旁，雙臂上舉，右臂肩肘相平，覆拳（虎口向下）近右腮，指左前方，勢如持箭；左臂屈肘近脇，舉手當胸，雙目前視，勢如握弓。

㈡拳向左下方略為旋轉，右上左下相對，兩臂伸舒。

【注意】雙拳前擊時，須隱含螺旋之意。

【應用】敵從右搭吾右臂下按，即隨其動作半圓形，以揉化其力。乘其力懈，而前擊之。

## ⑺⑷ 合太極

【釋名】此為太極拳路練畢還原之意，故名。還原之法，人各不一。有加以攬雀尾、撲面掌等數式方還原者。有再作一撇攔錘、如封似閉二式者。均為原路所無，茲不贅述。

【動作】有二：㈠併步合手，㈡還原立正。

合太極

【圖解】㈠由射虎式上左步併於右足，轉身向右，交手當胸。

㈡雙手放下。還原立正式。

## 第三章　論太極拳推手術

推手或曰搭手，一曰靠手，各派拳術家多有之，以練習近身用著之法者也。太極拳術以懂勁為拳中要訣，而懂勁以使皮膚富感覺力為初步。此感覺力練習之法，在二人肘腕掌指互搭，推蕩往來，以研磨皮膚。由皮膚壓迫溫涼之覺度，以察知敵勁之輕重虛實，及經過方位。久之感覺靈敏，黏走互助，微動即知，斯為懂勁矣。

太極拳經曰：「懂勁後愈練愈精。」習太極拳者，不習推手，等於未習。習推手而未能懂勁，則運用毫無是處。嗚呼，升階有級，入室知門，學者於推手術，盍注意焉。

推手術，有單搭手式雙搭手式之別（見後）。單搭者，隻手單推；雙搭者，雙手併用，此均指搭外而言（以胸懷為內，外指臂之外部也）。又有所謂開合手者，則一方兩手均在內，一方均在外，互換為之，往復雙推也。單推手，研手門及閩省拳靠手、五行手（其手分金木水火土，五者互相生剋運化）多用之。

余幼從劉師敬遠先生，習單推手術，稍有心得。嘗取太極拳各姿勢參酌各家，一一為之規定練習方法，編成推手術，以輔原來四正、四隅各方法之不足。暇當另為編製，以饗讀者。茲僅擇堪為太極正隅各手之初步者，略為述及。取便學者云爾。

## 第四章　推手術八法釋名

掤，捧也，上承之意，膨也。如蓄氣於皮球中，用力按之，則此按彼起膨滿不已，令力不得下落也。《詩鄭風》「抑釋掤忌」；杜預云：「箭筒也」。又通作「冰」，《左傳昭二十五年》「執冰而踞」。

（註）箭筒，蓋可以取飲，又以手復矢，亦曰掤。太極功搭手訣內，逆敵之勢承而向上，使敵力不得降者皆謂之掤。

**擾**，讀作呂。字典中無此字，疑係攄之訛，舒也，《班固答賓戲》「獨攄意乎宇宙之外」；又布也，《司馬相如封禪書》「攄之無窮」；又散也，《揚雄河東賦》「奮六經以攄頌」；又猶騰也，《張衡思玄賦》「八乘攄而超驤」。太極功搭手時，凡敵掤擠我時，用攄字訣以舒散其力，使敵力騰散而不得復聚者皆是。

**擠**，《說文》排也，推也，以手向外擠物前進也。《左傳》「小人老而無知，擠於溝壑矣」。《史記項羽本紀》「漢軍卻為楚軍擠」。《莊子人間世》「其君因其修以擠之」。凡以手或肩背擠住敵身，使不得動，從而推擲之，皆擠也。

**按**，《說文》下也、《廣韻》抑也，《梁簡文帝箏賦》「陸離抑按，磊落縱橫」。《爾雅釋詁》止也，《史記周本紀》「王按兵毋出」。《詩大雅》「以按徂旅」，釋遏止也。《前漢高帝紀》「吏民皆按堵如故」。（註）按次第牆堵不遷動也。又據也，《史記白起傳》「趙軍長平以按據上黨民」。又撫也，《史記平原君傳》「毛遂按劍歷階而上」是也。又按摩也。古有按摩導引之術，《前漢藝文志》黃帝伯歧著按摩十卷。蓋太極拳術，遇敵擠進時，用手下按，遏抑以制止之，使不得逞，謂之按。

**採**，採取也。《晉書》「山有猛虎，藜藿為之不採」。又擇而取之曰採。太極拳以採制敵之動力為採。如靜坐家抑取身內之動氣，為採取也。《陰符經曰》「天發殺機」，悟此則思過矣。

**挒**，捩也，拗也。（韓愈文）「捩手復羹」。又珍也，轉移之意。太極拳以轉移其力，還制其身，謂之例。又挒去之意。

**肘**，臂中部彎曲處之骨尖曰肘。拳術家以此處擊人為肘，蓋動詞也。太極拳用肘之法甚多，本書僅就推手時便於應用者，略述及之。

靠，倚也，依也，依附於他物也。太極拳近身時，以肩胯擊人曰靠，有肩靠胯打之稱。

# 第五章　太極拳應用推手

## 第一節　太極拳之樁步

太極拳術之樁步多用川字式者。由立正姿勢，左足向左前方踏出一步，兩足尖方向均向前。其左右距離，以肩為度。身下蹲，兩膝微屈，使全身重點，寄於後足，若丁虛步然。唯前足尖上翹，或平置於地，微不同耳。

上體宜立腰，空胸，氣注小腹。頭正直，頂虛懸，尾閭中正，精神貫頂。脊背弓形，兩臂略彎，向前平舉。手掌前伸坐腕，指尖微屈分張向上，前手食指約對鼻準，後手約居胸前。掌心參差遙對，若抱物然。削肩而垂肘，其肩肘腕與胯膝腳三者相合，全身宜靈活無滯，各逞自然狀態（右式同此），斯為善耳。

## 第二節　單搭手法

兩人相對立。各右足向前踏出一步。右手自右脇旁作圓運動，向前伸舉。如前之椿步姿勢，兩手腕背相貼，交叉作勢。是為單搭手式。

## 第三節　雙搭手法

此式如單搭手式之作法，唯以在後之拗手前出。各以掌心拊相手（即對面之人）之臂彎處。四臂相搭，共成一正圓形。以兩腕相搭處為

圜心，兩人懷抱中所佔據之部分，各得此圜之半，儼如雙魚形太極圖之兩儀焉。是為雙搭手式。

## 第四節　單手平圓推揉法

兩人對立作右單搭手式。

㈠甲右手手掌下按乙右腕，向乙胸前推。乙屈右肱，手向內懷後撤。平運退揉，作半圓形。手腕經左肩下向右運行，至胸骨前。

㈡乙身向後坐。肘下垂，覆手貼於脇旁。手腕外張。脫離甲手之腕，還按甲腕。

㈢乙手再向甲胸前推，如㈠之動作。

㈣甲手退揉，如㈡之動作，亦成半圓形。往復推揉，俟熟習後再習他式。此為推手法基本動作。左搭手式與右搭手式動作相同，唯左右互易耳。

## 第五節　攦按推手法

兩人對立，作雙搭手右式。

㈠甲右手手掌下按乙右腕，左手按乙之右肘。向乙腕分推作按式。

㈡乙屈右肱，手向懷內後撤。平運退揉，左手拊甲之右肘後。右手腕經左肩下向右運行，左手隨之，向右下方屈肱作攦，雙肘下垂。

㈢乙雙手按甲之肘腕，向甲前胸推作按式，如㈠之動作。

㈣甲雙手退攦，如㈡之動作。

## 第六節　單手立圓推手法

兩人對立，作右單搭手式。

㈠甲以右手掌緣，下切乙腕（乙隨甲之切），指尖向乙腹部前指。

㈡乙屈肱隨甲之切勁，由下退揉，畫下半圓形。經右脇旁上提，至右耳側。

㈢乙右手接前之動作，作上半圓形，伸臂前指甲額。

㈣甲身向後坐。屈右肱，手貼乙腕。隨其動作，向身側下領，至脇旁作前推勢。

附註：此式可練習太極拳中倒攆猴及下勢二姿勢。如甲動作即仿倒攆猴勢，乙即仿下勢之動作也。

## 第七節　攌擠推手法

兩人對立，作右雙搭手式。

㈠甲坐身立左肘，向後斜攌乙右臂。

㈡乙趁勢下伸右臂，進身向甲拊肘手之接觸點前靠，並以左手拊內臑，向外擠之。

㈢甲俯身向前以緩乙力，並橫左手以尺骨、或腕骨搭乙之上膊骨中間處，使乙臂貼身，並以右手由肱內拊其接觸點，前擠之。

㈣乙揉身向內走化甲力，坐身立左肘向後斜攦甲之右臂，如㈠甲之動作。

㈤甲如㈡乙之動作。

㈥如㈢甲之動作。

## 第八節　單壓推手法

兩人對立，作右單搭手式。

㈠甲右手貼乙右腕，向外平運。隨即抽撤，翻手下壓乙腕。抑掌屈肱，以肘近脇（肘彎宜成鈍角）。

㈡甲因前動作，仰手壓乙腕，伸臂向乙腹前插。

㈢乙隨甲前進之力，覆手平運，屈肱退後隨之。俟甲指將插至腹前時，吸身垂肘，翻手下壓甲腕，如㈠甲之動作。

㈣乙伸臂前插甲腹，如㈡甲之動作。左式同此。

## 第九節　壓腕按肘推手法

兩人對立，作右雙搭手式。

㈠、㈡甲壓乙腕前插如前，唯以左手掌指下按乙肘助力。

㈢、㈣乙退後覆腕抽撤時，左手掌心向上仰捧乙肘，為不同耳。

## 第十節　四正推手法

四正推手者，即兩人推手時。用攦、擠、按、掤四法，向四正方週而復始做互相推手之運動也。做此法時，兩人對立，做雙搭手右式。

㈠甲屈膝後坐屈兩臂肘尖下垂（做琵琶式）。兩手分攬乙之右臂腕肘處，向懷內斜下方攦。

㈡乙趁勢平屈右肱，成九十度角形，向甲胸前前擠，堵其雙腕。並以左手移撫肱內，以助其勢。

㈢甲當乙擠肘時，腰微左轉，雙手趁勢下按乙左臂。

㈣乙即以左臂擠推，分作弧線，向上運行掤化甲之按力；同時，右臂亦自下纏，上托甲之左肘，以助其勢。

㈤乙掤化甲之按力後，即趁勢攦甲之左臂。

㈥甲隨乙之履勁前擠。

㈦乙隨甲之擠勁下按。

㈧甲即掤化乙之按力後履。自此週而復始，運轉不已。是謂四正推手法。

## 第十一節　四隅推手法

四隅推手者，一名大履。即兩人推手時，用肘、靠、採、挒四法，向四斜方週而復始做互相推手之運動，以濟四正之所窮也。做此法時，兩人南北對立，做雙搭手右式。

㈠甲右足向西北斜邁一步，做騎馬式，或丁八步；右臂平屈，右手撫乙之右腕；左臂屈肘，用下膊骨中處，向西北斜履乙之右臂。

㈡乙即趁勢左足向左前方橫出一步，移右足向甲襠中，插襠前邁一步；同時，右臂伸舒向下，肩隨甲之搌勁，向甲胸部前靠，左手撫右肱內輔助之。此時甲乙仍相對立。乙面視東北方。

㈢甲以左手下按乙之左腕，右手按乙之左肘尖下採；同時，左足由乙之右足外移至乙之襠中。

㈣乙隨甲之採勁，左腿向西南方後撤做騎馬式；左臂平屈，左手撫甲之左腕；右臂屈肘用下膊骨中處，向西南方斜搌甲之左臂。

㈤甲趁勢右足前出一步，移左足向乙襠中，插襠前邁一步；同時，左臂伸舒向下，肩隨乙之搌勁向乙胸部前靠，右手撫左肱內以輔助之。此時甲乙仍相對立，甲面視東南方。

㈥甲左臂欲上挑。乙即隨甲之挑勁，左手作掌向甲面部撲擊。右手按甲之左肩斜向下挒。

㈦甲隨乙之挒勁，撤左足向東北方邁；左手撫乙之左腕，右臂屈肘向東北斜攦乙之左臂。

㈧乙趁勢上右步，移左足，向甲襠中前邁；左臂隨甲之攦勁，用肩向甲胸部前靠，右手輔之。面視西北方。

㈨甲以右手下按乙之右腕，左手按乙之右肘尖下採；同時，右足由乙左足外移至乙之襠中。

㈩乙隨甲之採勁，撤右足向東南方邁；右手撫甲之右腕，左臂屈肘向東南斜攦甲之右臂。

(十一)甲趁勢上左步，移右足，向乙襠中前邁；右臂隨乙之攦勁，用肩向乙胸部前靠，左手輔之。面視西南方。

(十二)甲右臂欲上挑。乙即隨甲之挑勁，右手作掌，向甲面部撲擊，左手按甲之右肩斜向下挒。甲退右腿，雙手攦腕之右臂腕肘處，還右雙搭手式。此為一度，可繼續為之。是謂四隅推手法。

# 跋

中國拳術發源於戰國時代，歷漢魏唐宋，世有傳人。然皆口傳心授，隱秘其法，不以著書傳。世稱漢志所載手搏劍道，其書久佚。至明代戚南塘《紀效新書》、茅元儀《武備志》，始載劍經、拳勢、棍法、槍論，或詳或略。然後人講武術者，莫能出其範圍。至黃百家宗內家以論拳，吳殳錄手臂以言槍，則詳而精矣。

前清時傳習拳棒有禁，故私家授受，絕少刻本。其所傳皆以淺俗歌訣記之，不能詳言其理法。蓋傳習者，多非文人，勢使然也。

庚申孟夏，遇許禹生先生於塗，約余至其所立體育學校觀馬子貞新武術隊演技。余以誤時，未得縱目。嗣後時與許君過從，因得觀許君所

著《太極拳經註》及《圖解》二書。余於是始悉立校顛末，及注重太極拳之深識。余固素知許君精於技擊者，而不期其學深邃如是之極也。

太極拳即世所稱內家拳法，與少林分為二派者也。內家之學，名冠海內，然習之者，多不盡其術。且相傳秘其要法，後學更無從問津。此書出，而慕內家者得有塗轍，真空前絕後之作也。然吾聞之學業技能，均無止境。深冀許君由圖解之粗跡，研經註之精理，使內家與少林併稱於世之所以然，筆之於書，以津逮後學。較之固守一先生之說，姝姝自悅，以為盡內家之能事者，其度量廣狹何如哉。余與許君累世交誼，不敢貢譽，故以質直之言，書為跋語。

仲瀾氏瑞沅謹跋

# 跋

中國拳術流派甚多，究其實則不外剛柔二者而已。入主出奴，各言其是。尚剛尚柔，各有薪傳。或外剛而內柔；或內剛而外柔；或先剛而後柔；或始柔而繼剛。唯不論其用功之途徑如何，至功深造極時，剛者必內蓄柔勁，柔者必內具純剛。剛柔相濟，表裏相合，體用兼備，始成名家。不能徒以表面觀察而遽定之也。許君禹生，京兆積學士也。幼年讀書之暇，嗜習拳劍，於各派國術，朝夕從事，精研不輟者，三十餘載。而太極拳術，尤有獨到之處，慨晚近提倡體育者，多捨己耘人，力求新穎。恐中國之國術，久而益湮。爰於清末聯合同志，設體育研究社體育學校於北平。課程以國術為主，採用新式教法。歷年以來，肄業社員畢業學生，遍於各省。茲編本述而不作之旨，取先民所傳太極拳經，詳細注釋，按式繪

圖列說。先之以釋名，繼述其分段動作，注意其適合生理，最後附以應用，以期引起習者興味。條理井然，使未習此道者閱之，能知一部分國術之真面目。已習者可按式研求，以期深造。其裨益國術界之功，誠非淺鮮。

至許君所以先出此編者，以太極拳動作緩和，運勁綿密。習之不唯體力強健，兼能增益智慧，融和氣質，具有特長，且無流弊。其意具詳本書，無煩辭贅。自初版以來，即風行全國，旬月而罄。再版後仍不足供需求。蓋自民元後，有識之士，對於國術，頗知有提倡之必要。迄今中央及各省均有國術館之設。私人團體研習者，亦風靡一時。迨非十年前許君屬稿時所及料者也。劍華追隨許君，親炙有年。對於太極拳術稍獲一知半解，於強健體魄上，尤身受其益。茲值三版之時，謹書數語於後，用告有志於斯道之同志云爾。

中華民國十七年十一月北平李劍華識於瀋陽東北大學教舍

# 跋

余體質素弱常多病。民國二年，汜水李先生鎮中授余羅漢拳，雖未得門徑，而能益體卻疾。繼從許先生禹生、吳先生鑒泉學太極拳，獲益甚多。又從李麗久、褚桂亭諸先生研究拳術，非特卻疾而已，且增體力焉。

余聞諸先生之言曰：拳術者，鍛鍊心身之要素。上焉者養心性，其次健體魄，而禦侮卻敵，下焉者也。高深之拳理與道通，是殆非一言所能蔽者。次乃練著練勁，已詳言於楊季子先生序中。今欲告子者，對敵之要訣而已。兵法云「知己知彼，百戰不殆。」拳術亦然。夫以快擊慢，以有力打無力，以法多制法少，此三者必勝之道也。故習拳者，必求姿勢正確而安舒。根本既固，再求用著運勁之輕快靈活。然輕快靈活，皆建築於彼我

之心理精神氣力之上。以目為表注之，以神以氣為率導之，以意自己之姿勢堅固，用力之方向準確，發勁之位置適當，而力方可加諸敵人，則有發必中，無敵不摧矣。故曰，此皆先天自然之能，非關學力所能為也，子其勉之。

今欣逢禹生先生所註《太極拳圖解》四版殺青之期，謹錄師語，載於篇末，以告欲卻病延年，練習國術者。亦因以重服膺之意也。

中華民國二十年六月中澣夢賢氏譚兆熊謹跋

中華民國十年十二月初版
中華民國十四年五月再版
中華民國十八年一月三版
中華民國二十年六月四版
中華民國二十三年十一月五版



太極拳勢圖解一冊
定價大洋壹圓

著作者　北平許龗厚

發行者　體育研究社
北平西單牌樓北西斜街五號

印刷者　京城印書局
北平和平門內北新華街丙六號

國家圖書館出版品預行編目資料

太極拳勢圖解 ／ 許禹生 著
——初版，——臺北市，大展，2012〔民101 . 06〕
面；21公分 ——（老拳譜新編；9）
ISBN 978－957－468－880－7（平裝）
1. 太極拳
528.972 101006799



# 太極拳勢圖解

著　　者／許 禹 生（龗厚）
責任編輯／王 躍 平
發 行 人／蔡 森 明
出 版 者／大展出版社有限公司
社　　址／台北市北投區（石牌）致遠一路2段12巷1號
電　　話／（02）28236031・28236033・28233123
傳　　眞／（02）28272069
郵政劃撥／01669551
網　　址／www.dah-jaan.com.tw
E－mail ／service@dah-jaan.com.tw
登 記 證／局版臺業字第2171號
承 印 者／傳興印刷有限公司
裝　　訂／建鑫裝訂有限公司
排 版 者／弘益電腦排版有限公司
授 權 者／山西科學技術出版社
初版1刷／2012年（民101年）6月

定 價 ／ 200元

大展好書　好書大展
品嘗好書　冠群可期

大展好書　好書大展
品嘗好書　冠群可期